Silos und Krematorien

Wie kaum ein anderes Unternehmen steht die Firma J. A. Topf & Söhne für die Verwicklung der deutschen Wirtschaft in die nationalsozialistischen Verbrechen. Als „Ofenbauer von Auschwitz" wurde der Name Topf zum Synonym für die Vernichtung des europäischen Judentums im Holocaust.

Doch J. A. Topf & Söhne aus Erfurt war keine Neugründung des Dritten Reiches und versank bei Kriegsende 1945 auch nicht geräuschlos in Schutt und Asche. Die Firma existierte von 1878 bis 1996. Zum Kerngeschäft des Marktführers zählten nicht Krematorien, sondern Silobauten und Mälzereianlagen.

Wie steht es um die visuelle Hinterlassenschaft des Unternehmens?

Die vorliegende Studie nimmt die Industriefotografie, das Corporate Design und die Werbung von Topf & Söhne in den Blick.

Zur Autorin:
Karin Hartewig, Dr. phil., studierte Neuere und Mittelalterliche Geschichte sowie Neuere Deutsche Literatur und Deutsch als Fremdsprache in München.

Sie ist freiberuflich als Historikerin und Autorin tätig und lebt in der Nähe einer kleinen deutschen Universitätsstadt.

Karin Hartewig

Silos und Krematorien

Industriefotografie bei Topf & Söhne, Erfurt

Bibliografische Informationen der Deutschen Nationalbibliothek:

Die Deutsche Nationalbibliothek verzeichnet diese Publikation in der Deutschen Nationalbibliografie; detaillierte bibliografische Daten sind im Internet über http://dnb.dnb.de abrufbar.

© 2019 Karin Hartewig

Herstellung und Verlag: BoD – Books on Demand, Norderstedt

ISBN 9783732253814

www.bod.de

Inhalt

1. **Topf & Söhne und Nachfolger. Eine Chronologie** 7

2. **Der Bildbestand Topf & Söhne. Eine Spurensuche** 14
   Archivpolitik in der DDR 14 - Die Bildüberlieferung des Unternehmens 16 - Allgemeine Charakterisierung 23

3. **Industriefotografie und Geschichte** 27
   Zugänge 27 - Themen, Leitmotive und Bildsprache 31 - Medien der Repräsentation 36

4. **Global Player mit Willen zur Repräsentation** 38
   Zur Institutionalisierung der Werksfotografie 41 - Die Fotostelle 44 - Die Lichtpausestelle 49 - Werbung und Corporate Identity 51 - Das Logo als Corporate Design 57

5. **Das Werk und seine Betriebe** 61
   1943, der Status Quo 63 - Die Zeichensäle und das Konstruktionsbüro Speicherbau 69 - Büros und Schreibstuben 71 – Warteraum 73 - Gruß aus der Küche 75 - Der „Gefolgschaftsraum" 77 - Hygiene im Betrieb 78

6. **Die „Topfianer". Die Belegschaft im Bild** 81
   Das Belegschaftsalbum 82

7. **Das Produkt zwischen Sachlichkeit und Inszenierung** 92
   Produkte ins Bild setzen 92 - Der Silo 94 - Probelauf und sprechendes Detail 105 - Mälzereianlagen 108 - Feuerungsanlagen und Krematorien 112 - Friedensware 124

8. **Schlussbemerkung** 130

9. **Nachwort** 134

10. **Anmerkungen** 137

11. **Literatur** 147

1. Topf & Söhne und Nachfolger. Eine Chronologie

Wie kaum ein anderes Unternehmen steht die Firma J.A. Topf & Söhne für die Verwicklung der deutschen Wirtschaft in die nationalsozialistischen Verbrechen. Als „Ofenbauer von Auschwitz" wurde der Name Topf zum Synonym für die Vernichtung des europäischen Judentums im Holocaust. Doch das Unternehmen aus Erfurt war keine Neugründung des Dritten Reiches innerhalb des Wirtschaftsimperiums der SS, und es versank bei Kriegsende 1945 auch nicht geräuschlos in Schutt und Asche.

Als der ehemals volkseigene Betrieb „Erfurter Mälzerei- und Speicherbau" (VEB EMS) nach der Wende 1996 in Konkurs ging, konnte der Betrieb auf eine fast hundertzwanzigjährige Geschichte zurückblicken. Das Unternehmen Topf & Söhne war 1878, nach dem ersten Wirtschaftsboom des Deutschen Reiches, durch den Braumeister und Brauereitechniker Johann Andreas Topf (1816-1891) als Baugeschäft für Feuerungstechnik gegründet worden. Unter der Firmenleitung seines Sohnes, Ludwig Topf (1863-1914) expandierte es zu einem Spezialbetrieb für Heizungsanlagen, Brauerei- und Mälzereieinrichtungen. In den folgenden Jahren wurde daraus ein großes Unternehmen mit mehr als 500 Mitarbeitern. Topf & Söhne wurde zum weltweit führenden Produzenten für komplette Mälzereianlagen und für die Einrichtung von Speichern und Anlagen zur Getreidepflege, zu der auch pneumatische und mechanische Fördereinrichtungen gehörten. Topf & Söhne projektierte und errichtete Mälzereien, Brauereimaschinen und

Siloanlagen für Brauereien. Das Unternehmen baute darüber hinaus industrielle Feuerungsanlagen, Schornsteine, Krematorien für kommunale Friedhöfe, Müllverbrennungsanlagen sowie gasdichte Türen und Fenster. 1914 betrug der Anteil der Krematoriumsöfen gerade einmal drei Prozent vom gesamten Umsatz. Es handelte sich also eher um einen Nebenzweig der Produktion. Die Projektierung und Herstellung von wirtschaftlich arbeitenden Hochleistungsfeuerungsanlagen für Braunkohle, einschließlich der Bekohlungs- und Entaschungsanlagen sollten dem Unternehmen im Ersten Weltkrieg zum durchschlagenden Erfolg verhelfen.

Der frühe Tod Ludwig Topfs, die Interimsleitung des Unternehmens durch die Witwe, Elsa Topf, und nachhaltige Umsatzeinbußen brachten die Firma in ernste Schwierigkeiten. 1935 übernahmen die Enkel des Firmengründers Ludwig und Ernst-Wolfgang Topf gemeinsam die Leitung der Firma.

Vier Jahre später, 1939, erreichte der Betrieb mit einer Belegschaft von 1.150 Arbeitern und Angestellten seine höchste Beschäftigtenzahl. Im selben Jahr errichtete Topf & Söhne im Auftrag der SS im Konzentrationslager Auschwitz und in anderen KZs Krematorien zum Verbrennen der Leichen der ermordeten Häftlinge und Lüftungsanlagen für Gaskammern. Damit gehörte Topf & Söhne zu den Firmen, die in den nationalsozialistischen Konzentrations- und Vernichtungslagern die Gaskammern und Krematorien entwickelte – Anlagen zur Leichenverbrennung, die auf effizienten Dauerbetrieb ausgelegt waren. In Buchenwald, Auschwitz, Birkenau und Gusen und Mogilev war Topf einziger Hersteller. In Groß-Rosen, Mauthausen und Dachau teilte man sich das Geschäft mit dem größten Konkurrenten der Branche, dem Berliner Ofenbauer Kori, der im Übrigen alle anderen Konzentrations- und Vernichtungslager in Alleinregie bestückte. Allein der Hersteller des Krematoriums in Theresienstadt ist unbekannt. Topf & Söhne lieferte insgesamt mindestens 25 Öfen mit 76 Verbrennungskammern. Bei Bedarf stellte man der SS auch mobile Verbrennungsöfen zur Verfügung.

Am 20. November 1945 wurde die Erfurter Firma, die am 13. Juli noch 180 Beschäftigte hatte, durch die sowjetische Besatzungsmacht als „herrenlos" sequestriert und unter Zwangsverwaltung gestellt. Am 10. Mai 1947 wurde sie in das Eigentum des Landes Thüringen überführt und am 30. Juli 1948 erfolgte die Verstaatlichung.

Die Sowjetische Besatzungsmacht zog die Verantwortlichen zur Rechenschaft. Vier leitende Mitarbeiter wurden 1946 inhaftiert und wurden in die Sowjetunion deportiert. Der Unternehmer Ludwig Topf entzog sich seiner Verhaftung durch Selbstmord. Sein Bruder Ernst-Wolfgang floh in die amerikanische Zone, wo er 1946 kurzzeitig inhaftiert wurde. Ein Spruchkammerverfahren 1949 und staatsanwaltliche Ermittlungen 1951 gegen den Unternehmer wurden eingestellt. Im selben Jahr versuchte Ernst-Wolfgang Topf eine Neugründung der Firma im Westen. Das Unternehmen in Wiesbaden und wenig später in Mainz bestand aber nur 12 Jahre lang, bevor es 1963 Konkurs anmelden musste.

In Erfurt wurde unter dem Namen „Nagema Topfwerke Erfurt VEB" die Produktion wieder aufgenommen und der Betrieb an die VVB Nagema angegliedert. Nach einem kurzen Intermezzo der Produktion von Feldküchen für die sowjetische Besatzungsmacht in den unmittelbaren Nachkriegsjahren kehrte der neue volkseigene Betrieb zum Traditionsgeschäft im Brauereiwesen zurück. In der Folgezeit kam es zu zahlreichen Umbenennungen und planwirtschaftlichen Restrukturierungen. Doch der Betrieb produzierte fortan bis zur Wende wieder Mälzerei- und Siloanlagen.

1952 Jahre wurde der Betrieb nach dem griechischen Widerstandskämpfer Nikos Belojannis (1915-1952) in „VEB Maschinenfabrik Nikos Belojannis" benannt. 1957 wurde der Name abermals geändert in „VEB Erfurter Mälzerei und Speicherbau" (EMS).[1] Bis das Unternehmen mit 800 Mitarbeitern 1970 in das Kombinat „FORTSCHRITT Landmaschinen Dresden" eingegliedert wurde. Der Bereich Krematoriumsbau war bereits 1957 aufgegeben worden, später wurde auch der Produktionsbereich industrielle Feuerungsanlagen aufgelöst. Erfolgreich agierte der VEB EMS vor allem in Osteuropa.

Einer Privatisierung des Betriebs als „Erfurter Mälzerei- und Speicherbau GmbH" nach der Wende (seit 1993) war indes kein wirtschaftlicher Erfolg beschieden. Mit seinen Kernkompetenzen im Mälzerei- und Silobau sowie mit neuen Anlagen der Umwelttechnik konnte sich das Unternehmen unter den Bedingungen der Marktwirtschaft nicht behaupten und war drei Jahre später gezwungen, Insolvenz anzumelden.

Versuche der Unternehmerfamilie, eine Rückübertragung des ehedem enteigneten Betriebs zu erwirken, scheiterten, da alle Enteignungen, die vor Gründung der DDR durch die sowjetische Militäradministration vorgenommen worden waren, aus dem deutsch-deutschen Einigungsvertrag ausdrücklich ausgenommen waren. Soweit die Chronologie des Unternehmen.

Die unternehmerischen Aktivitäten der Firma J.A. Topf & Söhne im Konzentrationslager Auschwitz hatte bereits zu DDR-Zeiten 1957 der jüdische Kommunist Bruno Baum erwähnt, der das Vernichtungslager als Funktionshäftling überlebt hatte.[2] Er zitierte damals aus den Untersuchungsergebnissen der Zentralkommission zur Untersuchung der NS-Verbrechen in Polen. Topf & Söhne hatte Anfang 1943 in Auschwitz vier große Krematorien und drei Gaskammern errichtet. Anschließend geriet die Beteiligung des Unternehmens an der NS-Vernichtungspolitik in Ost und West in Vergessenheit.[3]

Die historische Forschung erhellte die Kooperation des Unternehmens mit der SS und die Erfindungen und stetigen technischen Verbesserungen an den Gaskammern und Krematorien „im Dauerbetrieb" durch seine leitenden Ingenieure, die sich in den Dienst der Vernichtungsideologie stellten.[4] Durch diese Befunde zur Unternehmens- und Industriegeschichte von Topf & Söhne wurde die einst kommunistische und antikapitalistisch gemeinte, bald zum Allgemeinplatz gewordene Metapher von den Vernichtungslagern als „Todesfabriken" des Dritten Reiches beglaubigt und bekräftigt.[5]

Auf die bundesdeutsche Gedenkkultur wirkte die Wiederentdeckung des historischen Ortes der „Ofenbauer von Auschwitz" nach der Wende elektrisierend. Auf dem ehemaligen Fabrikgelände in Erfurt tat sich die einmalige Chance auf, die Täter und die Taten – ohne Rücksichten auf aktuelle Eigentumsverhältnisse und Geschäftsinteressen eines Nachfolgeunternehmens – zu benennen und die nationalsozialistische Vernichtungspolitik aus dem kalten Licht abstrakter bürokratischer Prozesse herauszuführen auf das unwegsamere Gelände des konkreten Handelns, seiner Bedingungen und seiner Akteure.[6] Die begleitenden Publikationen und Broschüren zur Wanderausstellung des Jahres 2005 und zur Eröffnung des Erfurter Erinnerungsortes im Januar 2011 folgen dem Paradigma der 1990er Jahre, die Geschichte der Konzentrations- und Vernichtungslager als erweiterte Tätergeschichte zu schreiben.[7]

„stets gern für Sie beschäftigt ..." - Bahnreisende, die Erfurt in Richtung Weimar verlassen oder von dort kommen, können an der Fassade des renovierten ehemaligen Verwaltungsgebäudes über Eck die kryptisch anmutende Botschaft lesen. Die zeitgenössische Floskel, die den Spruch vom Kunden als König über alle moralischen Bedenken gegen Aufträge jeder Art stellt, verweist auf den neuen Zweck des Gebäudes als Gedenkstätte und Museum: Im Januar 2011 wurde die ehemalige Zentrale mit Gleisanschluss zum Präsentationsort einer Dauerausstellung über die Ofenbauer von Auschwitz – Memories Passing By, Erinnerung to go! Die Aufnahmen vom Verwaltungsgebäude als Erinnerungsort wurden bald selbst zu einer Bildikone. Die internationale Wanderausstellung „Industry and the Holocaust. Topf & Sons – Builders of the Auschwitz Ovens" (Industrie und Holocaust. Topf & Söhne – Die Ofenbauer von Auschwitz") wurde inzwischen an vielen Orten präsentiert.

2. Der Bildbestand Topf & Söhne. Eine Spurensuche

Archivpolitik in der DDR

Im Unterschied zur alten Bundesrepublik waren in der DDR die Akten und Fotobestände von Industriebetrieben, was die Zeit vor 1945 betrifft, stark zentralisiert. Zumindest war dies erklärte Archivpolitik. Von der „Deutschen Fotothek" der Sächsischen Landesbibliothek Dresden wurde kurz vor der Wende ein exzellentes Verzeichnis der Fotobestände in der DDR erarbeitet, das neben städtischen und Bezirksarchiven auch Museen, Gedenkstätten, Parteiarchive, Verlage und Hochschulen umfasst.[8] Die „Deutsche Fotothek" selbst versammelte zu DDR-Zeiten eine kleinere Zahl von Fotografien aus Betriebsarchiven der ersten Hälfte des 20. Jahrhunderts.[9]

Wirtschafts- und Unternehmensarchive wurden in der DDR zusehends als Teil des staatlichen Archivwesens behandelt. Zunächst wurden die neuen Volkseigenen Betriebe (VEB) und Vereinigungen Volkseigener Betriebe (VVB) im April 1950 angewiesen, Betriebsarchive einzurichten. Wichtige Betriebe der bezirksgeleiteten Wirtschaft waren seit 1976 zur Abgabe ihres Archivguts aus den Jahren bis 1945 auf Bezirksebene verpflichtet. Nach der Auflösung der Länder hatten 1952 die Bezirke alle Aufgaben der früheren Landesregierungen übernommen. Daher waren die Bezirke auch für die Archivbestände von Industriebetrieben von überlokaler Bedeutung (Wertkategorie III) zuständig. In Thüringen waren dies die Bezirke Erfurt, Gera und Suhl.[10]

Andere Betriebe hatten sich an kommunale Archive zu wenden. Daher finden sich wenige, kleinere Überlieferungen in den Staatsarchiven Altenburg, Gotha und Greiz. Und auch in den Stadtarchiven kann man fündig werden. Dort lagern ferner die Überlieferungen der kommunalen Versorgungsbetriebe und –einrichtungen.

Historische Unternehmensarchive waren in der DDR eigentlich nicht vorgesehen. So gelangten die frühesten Schrift- und Bildquellen zur Unternehmens- und Wirtschaftsgeschichte in Ostdeutschland größtenteils in staatliche und kommunale Archive. Die „Wasserscheide 1945" führte nicht selten zu dem unglücklichen Ergebnis, dass gewachsene Bestände auseinandergerissen wurden.[11] Doch fand man in den Betrieben Mittel und Wege, diese Regelung zu unterlaufen. Nachfolger von Traditionsunternehmen von Weltruf wie z.B. VEB Zeiss, Jena oder das Kabelwerk Oberspree, Berlin behielten ihre historischen Bestände und Sammlungen aus der Vorkriegszeit durchaus im eigenen Haus. Nach der Währungsunion 1990 wurde Archivgut an ehemalige DDR-Betriebe, denen der Sprung in die Marktwirtschaft gelang, zum Teil wieder zurückgegeben. Aus beiden Gründen war es nach der Wende sehr wohl möglich, in den Archiven der neuen oder alten Nachfolgeunternehmen - noch immer oder bereits wieder - auf Akten und Bilder aus der Zeit vor 1945 zu stoßen.

Andererseits blieben etliche Akten- und Bildbestände nach der Wende in staatlichen Archiven. Mit der Wiederherstellung der Länder nach 1990 waren dies die Hauptstaatsarchive, in denen die ehemaligen Bezirksarchive aus DDR-Zeiten zusammengeführt wurden.

Zur gleichen Zeit kamen Bestrebungen in Gang, regionale Wirtschaftsarchive zur Rettung der Bestände von insolventen Betrieben einzurichten.[12] Bis heute ist auf diesem Feld Verdienstvolles geleistet worden. So haben die Industrie- und Handwerkskammer Ostthüringen in Gera sowie die Handwerkskammer in Erfurt zunächst ein Teil-Archiv errichtet. Zur Einrichtung des Thüringer Wirtschaftsarchivs als eingetragener Verein kam es 2010 in Erfurt. Wie anderswo auch ist das historische Bewusstsein in den Unternehmen unterschiedlich stark ausgeprägt. Viele der Neugründungen nach 1990 haben für sich bislang noch keine Notwendigkeit gesehen, ein Archiv aufzubauen. Andere, die über historische Bestände verfügen, messen dem vorhandenen Material nur wenig Bedeutung zu. Nicht selten sind historische Dokumente und Fotos aber in den turbulenten Zeitläuften der Insolvenzen, Demontagen und Neugründungen in den 1990er Jahren unwiederbringlich verloren gegangen. Daher fällt ein Überblick über das Vorhandene, Gesicherte für die Unternehmens- und Wirtschaftsarchive und damit auch für die Industriefotografie in den neuen Bundesländern besonders schwer.

Die Bildüberlieferung des Unternehmens

Es überrascht deshalb nicht, dass die Geschichte des gesamten Bestandes Topf & Söhne und seiner Nachfolger einigermaßen kompliziert und vermutlich nicht mehr vollständig zu rekonstruieren ist. Und manches spricht dafür, dass der gegenwärtige Archivbestand selbst fragmentarisch ist. So liegt die Vermutung nahe, dass belastendes Material über den Bau von Krematorien in den Konzentrations- und Vernichtungslagern bei Kriegsende aus dem Betriebsarchiv entfernt und vernichtet wurde.[13] Mit Sicherheit sind die Patenturkunden unvollständig überliefert, ebenso wie die Bilddokumentation des Unternehmens. Sie muss einmal mehr als 7.300 Werksfotos umfasst haben.[14]

Im Hauptstaatsarchiv Weimar lagern neben Unternehmensakten, Plänen und Skizzen etwa 2.200 Fotos (Stand: November 2011) des Erfurter Unternehmens Topf & Söhne und seiner Nachfolger.[15] Darüber hinaus befinden sich etwa 2.500 meist undatierte und unbeschriftete Abbildungen in den Akten.

Es handelt sich bei diesen Materialien zum einen um die Bestände des ehemaligen Bezirksarchivs Erfurt. 1982 waren von der Werksleitung des VEB EMS dem Archiv des Bezirks 28 Akteneinheiten des Betriebes übergeben worden, mit dem Hinweis, weitere Akten aus der Zeit vor 1945 seien nicht erhalten geblieben.

1995 übergab der französische Apotheker und Amateurhistoriker Jean-Claude Pressac seine Materialsammlung von Kopien aus Archiven der KZ-Gedenkstätten und dem Zentralen Staatsarchiv der Russischen Föderation dem Thüringischen Hautstaatsarchiv in Weimar. Dabei handelte es sich vor allem um Schriftstücke und Baupläne, die der Autor in seiner Dokumentation veröffentlicht hatte.[16] Pressac war für eine geplante Firmengeschichte über Topf & Söhne und die Beteiligung des Unternehmens an der NS-Vernichtungspolitik vom neuen Eigentümer, der „Siloanlagen GmbH" zudem ein substantieller Teil des Unternehmensarchivs exklusiv zur Verfügung gestellt worden.

Hinzu kam im Jahr 2003 weiteres Material auf Umwegen nach Weimar: Wie sich nämlich nach der Wende herausstellte, war das historische Unternehmensarchiv von Topf & Söhne in weit größerem Umfang erhalten geblieben, als die Kombinatsleitung seinerzeit behauptet hatte. Es befand sich seit Juli 1993 in Privatbesitz der erwähnten „Siloanlagen GmbH". Auch nutzte der engagierte Amateurhistoriker Pressac die Insolvenz des Nachfolgers EMS und die unübersichtliche Lage nach der Schließung dazu, Akten und Bilder an sich zu nehmen und so vor dem Reißwolf zu retten. Mit Abschluss der Forschungen übergab er die gesamte Überlieferung jedoch dem Hauptstaatsarchiv Weimar.

Nach dem schnellen Konkurs des Betriebs 1996 hatte sich das Hautstaatsarchiv Weimar vergeblich um das verbliebene Restarchiv beim „VEB EMS" bemüht. Dieses war vom Konkursverwalter bereits an das Erfurter Stadtarchiv übergeben worden.

2004 kam weiteres Material hinzu. Der Förderkreis „Geschichtsort Topf & Söhne" übergab die Akten des ehemaligen Prokuristen, Mitglieds der Firmenleitung und Testamentsvollstreckers im Jahr 1945, Max Machemehl, die bei Bauarbeiten in einem Haus in Erfurt entdeckt worden waren.

Im Erfurter Stadtarchiv fand sich ein etwas größerer Teilbestand historischer Fotos zum Unternehmen, der 369 Aufnahmen umfasst. Ausweislich des Findhilfsmittels „Fotobestände im Stadtarchiv Erfurt" deckt diese überaus vielfältige Überlieferung nahezu den gesamten Zeitraum zwischen 1910 und 1990 und nahezu alle Themen der

Werksfotografie ab. Dabei handelte es sich wohl um das Restarchiv der privatisierten „Erfurter Mälzerei und Silobau GmbH" aus der Zeit nach dem Konkurs. Die Bilder wurden in einer Datenbank erfasst, das heißt gescannt, beschrieben und erschlossen und sind für die wissenschaftliche Nutzung einsehbar.[17]

Darüber hinaus verfügt das Stadtmuseum Erfurt über einen kleineren Bestand an Fotos, Prospekten und Broschüren, der sich auf etwa 100 Aufnahmen beläuft. Ein zeitlicher Schwerpunkt ist nicht auszumachen. Die Bilder stammen aus dem gesamten Zeitraum betrieblicher Aktivitäten vom Kaiserreich bis in die DDR. Sie wurden vom „Erfurter Mälzerei und Silobau" (EMS), offenbar bereits in den 1980er Jahren an das kommunale Archiv abgegeben und fristeten unverzeichnet über viele Jahre ein Schattendasein im Keller. Inzwischen wurden sie digitalisiert.

Ferner finden sich im Stadtmuseum auch sechs „Ruinenfotos" aus der Zeit nach dem Konkurs, etwa aus dem Jahr 2000, in jedem Falle vor der Besetzung des Geländes durch Jugendliche im April 2001. Zu diesen Fotos gibt es eine Geschichte. Die Aufnahmen von den teilweise zerstörten und vermüllten Werksgebäuden schoss Herr Rothardt, der Metallrestaurator des Museums. Sie entstanden anlässlich einer verdienstvollen, aber halblegalen Rettungstour durch das umzäunte Industriegelände. Für den Museumsfundus suchte man Objekte von akzeptablem Erhaltungszustand. Schließlich entschied man sich, die am besten erhaltenen Zeichentische aus dem im ersten Stock des Verwaltungsgebäudes gelegenen Konstruktionsbüros zu demontieren. Dieser

Aktion verdankte die Gedenkstätte Buchenwald und schließlich der heutige Erinnerungsort eines der zentralen Originalexponate von hoher Symbolkraft: den technischen Zeichentisch. Er steht gleichermaßen für den Topf'schen Erfindergeist, für die deutsche Ingenieurkunst vom Kaiserreich bis ins Dritte Reich und nicht zuletzt auch für die „technische Intelligenz" in der DDR, die Partei und Staat mit Vorliebe als „fortschrittlich", also als loyal zur SED präsentierte. Die kleine Fotoserie dieser Rettungstat, die ursprünglich „nur für den Hausgebrauch" bestimmt war, wurde schließlich in die Fotothek des Museums eingestellt, weil es sich hier um die einzigen Fotos vom Ende der „Erfurter Mälzerei- und Speicheranlagen" handelte.

Und schließlich besitzt der Urenkel des „KZ-Ofenbauers", der Berliner Journalist Hartmut Topf, eine private Sammlung von Unterlagen und Fotos, darunter auch die Festschrift zum sechzigjährigen Firmenjubiläum aus dem Jahr 1938: dabei handelt es sich um eine hauseigene Bierzeitung zum Jubelfest. Denn Topf & Söhne betrachtete von je her sein Kerngeschäft in der Konstruktion von Brauereianlagen und Mälzereien.

Auftragsbücher, Korrespondenz, Pläne und Zeichnungen sowie illustrierte Firmenschriften über Getreidespeicher, Trocknungsanlagen, Brauereianlagen, Feuerungsapparate und Krematorien, aber keine Fotos, verwahrt das Archiv und die Sammlung von Firmenschriften des Deutschen Museums, München für die Zeit zwischen 1900 und 1939/40. In der heimlichen Hauptstadt der Brauereien, in der auch regelmäßig Brauereiausstellungen stattfanden, kaum verwunderlich, war das Unternehmen für den Geschäftszweig „Brauwesen" äußerst präsent. So betreffen die Dokumente und Materialien vornehmlich Dampfkesselanlagen, Brauerei- und Mälzereianlagen, sowie Transport- und Verladeeinrichtungen.[18] Bis zu Beginn des Zweiten Weltkriegs unterhielt Topf & Söhne in München eine von insgesamt sechs Außenstellen. Eine systematische Recherche an den fünf anderen Standorten in Berlin, Dresden, Köln, Ulm und Stuttgart könnte vermutlich weiteres Material zu Tage fördern.

Die Fotos vom aufgelassenen Werksgelände nach 1996, die nicht zum eigentlichen Bildbestand des HStA Weimar zählen, aber andernorts gleichwohl zugänglich sind,[19] dokumentieren zuletzt ein Stück Industriearchäologie des Ostens: In ihnen wird die Vergänglichkeit des Fabrikstandorts Topf & Söhne und die Beharrungskraft der Ruine im Zustand nach der Stilllegung, selbst zum Thema. Die Gebäude sind verlassen. Im Konstruktionsbüro sind die Zeichentische an der Fensterseite zusammengeschoben worden. Zwei Jahre nach dem Konkurs stehen sie noch immer an derselben Stelle.

Dann beginnt der Verfall. Auf den Fotografien, die um die Jahrtausendwende geschossen wurden, ist der Rückzug der alten Industrie aus der Welt der Moderne zu betrachten: demontiert, geschleift, notdürftig gesichert, ausgeweidet, in Brand gesetzt, von Unbefugten in Besitz genommen auf Zeit. Was von Topf & Söhne und vom Erfurter Mälzerei- und Silobau am Ende übrig bleibt, ist eine vermüllte Ruine. Bis sich die gesamtdeutsche Gedenkkultur in Gestalt des „Förderkreises

Geschichtsort Topf & Söhne" und die Gedenkstätte Buchenwald des heruntergekommenen Areals in unmittelbarer Bahnhofsnähe annimmt.

Im April 2001 wurde das Werksgelände von jungen Leuten besetzt und blieb es bis zum Frühjahr 2009. Sie richteten sich in der ehemaligen Klempnerei ein, die sie fortan „das besetzte Haus in Erfurt" nannten, Es wurde zu einem Mittelpunkt für linksalternative Kulturprojekte. Dazu wurde ein virtueller Rundgang über die „Topf & Söhne-Industriebrache" erarbeitet. Auf der Seite http://www.topf.squat.net sind auch Fotos vom besetzten Werksgelände, seinem Verfall und seiner Zerstörung eingestellt. So wurde im Dezember 2004 der Bereich Wareneingang, Lager, Technologie durch Brandstiftung zerstört. Die Aufnahmen vom aufgelassenen Werksgelände dokumentieren das Verschwinden der Industrie im Osten, den schnellen Verfall der alten DDR-Betriebe zu Ruinen und ihre Aneignung durch jugendliche Subkulturen, eine Aneignung, die zwischen Bewahrung und Zweckentfremdung oszilliert.

Etliche dieser Aufnahmen, die vermutlich von den Besetzern angefertigt wurden, sind im Internet zugänglich.[20]

Als nach der Räumung des besetzten Hauses in Erfurt und dem Abriss der maroden Gebäude der Weg frei wurde für eine neue Nutzung des Areals, entstanden auf Betreiben des neuen Eigentümers, Domicil Hausbau GmbH auf dem planierten Betriebsgelände Wohnhäuser, eine Großbäckerei, ein Möbelhaus und eine Filiale für Tiernahrung. Von den Originalbauten blieb allein das ehemalige Verwaltungsgebäude erhalten. Das darin gelegene, einstige Konstruktionsbüro wurde von der Stadt angemietet. Der authentische Ort verwandelte sich in einen Erinnerungsort.

Das vorläufig letzte Kapitel dieser visuellen Geschichte von Topf & Söhne und Nachfolger stellt die ehemalige Zentrale in den Mittelpunkt. Aufnahmen von der neuen Nutzung des früheren Werksgeländes werden in diesem Kontext gern ignoriert oder sie stoßen auf zwiespältige Aufmerksamkeit.

Allgemeine Charakterisierung

Angesichts der komplizierten und lückenhaften Bildüberlieferung und auch weil nach wie vor nur ein Teil der vorhandenen Bilder erschlossen hat, steht jeder Versuch einer allgemeinen Beschreibung unter Vorbehalt. Der weitaus größte Teil der Bildüberlieferung, etwa 80 Prozent, stammt aus den Jahrzehnten bis 1945. Zu den ältesten Aufnahmen zählen Porträts der Belegschaft, die vier Jahre nach der Firmengründung angefertigt und in einem Album zusammengefasst wurden. Ein weiteres Fotoalbum aus dem Jahr 1895 zeigt Betriebe und Werkshallen des Unternehmens.[21] Die jüngsten Aufnahmen zeigen die Betriebe zwanzig Jahre nach der Wende im Zustand des Verfalls als Ruinen. Das Werksgelände ist Industriebrache.

Ein kleinerer Anteil der Aufnahmen entfällt auf die Dokumentation der Topf'schen Betriebe, vom Konstruktionsbüro über die Zeichensäle, zu den Produktionsstätten, Maschinen, bis zur Poststelle und dem Versand. Auch die betriebliche Sozialpolitik – die Waschräume, der

„Gefolgschaftsraum", die Pausenbänke vor dem Verwaltungsgebäude - ist hier gewürdigt. Es ist anzunehmen, dass alle Bilder, die im weitesten Sinne der internen Dokumentation dienten, von werkseigenen Fotografen geschossen wurden.

Zur Dokumentation und Traditionspflege, aber auch aus Gründen der Vergemeinschaftung wurde darüber hinaus die Belegschaft fotografiert. Porträts von knapp 500 Mitarbeitern aus unterschiedlichen Zeiten umfasst ein Album. Die ersten Brustbilder stammen möglicherweise aus der Zeit vor 1914, etliche aber aus den 1920er Jahren. Eine zweite Serie von Porträts wurde wohl Anfang der 1940er Jahre angefertigt.

Ein größerer Anteil der Bildüberlieferung entfällt auf die Produktfotografie. Besonders häufig wurden sie in den Betrieben der Kunden abgelichtet. In der Regel beauftragte das Unternehmen hierfür Fotografen am Ort.

Sowohl die Fotografie der eigenen Betriebe wie auch die Produktfotografie konnten von Fall zu Fall entweder dokumentarischen Zwecken oder der Unternehmenswerbung dienen. Diverse Bearbeitungen von Positiven und etliche Randbemerkungen auf den Fotos oder auf der Rückseite legen die starke Vermutung nahe, dass Topf & Söhne intensiv, umfangreich und in hohen Auflagen Werbung für seine Analgen trieb. Zur Beteiligung des Unternehmens an Messen und Ausstellungen und zur Erstellung von Drucksachen, Broschüren und Verkaufskatalogen ist im Stadtmuseum und im Stadtarchiv Erfurt sowie im HStA Weimar ebenfalls eine reiche Überlieferung vorhanden. Die Aspekte der Verwertung und des Gebrauchs der Fotografie zu Repräsentations-

und Werbezwecken sind bislang noch nicht hinreichend bearbeitet worden.

Bereits die vorläufige Sichtung der Findmittel im Stadtarchiv Erfurt (369 Fotos) und im Hauptstaatsarchiv Weimar (Stand November 2011: 2200 Fotos), sowie die Auswahl an Digitalisaten weisen auf eine denkwürdige Asymmetrie hin: Im Vergleich zur schriftlichen Überlieferung und wohl auch zu den Plänen und technischen Zeichnungen, konzentriert sich die vorhandene Bildüberlieferung auf das traditionelle „Kerngeschäft" des Unternehmens: auf Mälzereianlagen und Silobauten und nicht so sehr auf industrielle Feuerungsanlagen, Krematorien oder den Schornsteinbau. Von den Krematorien und Gaskammern der Firma Topf & Söhne in den Konzentrationslagern sind, soweit bis jetzt ersichtlich, aus der Zeit ihrer Errichtung seit 1942 nur ganz wenige Fotos überliefert, wohl aber Pläne und Zeichnungen in großer Zahl.

Auch wenn der Fotohistoriker geneigt ist, von einem imaginären Gesamtkorpus aller jemals geschossener Bilder auszugehen, ist das historische Bildarchiv eines Unternehmens nicht mit einem Depot der fotografischen Gesamtproduktion über das Unternehmen zu verwechseln. Der Bildbestand kann aus unterschiedlichen Gründen über die Jahrzehnte dezimiert worden sein und er wurde es vielfach auch. Kriegsverluste und –zerstörungen sind ein bedeutsamer Faktor, aber nicht der einzige. Revolutionen und politische Umbrüche führen zu „Neubewertungen" von Schrift- und Bilddokumenten und bringen manches Material in den unübersichtlichen Übergangsphasen zwischen alter und neuer Ordnung zum Verschwinden. Und schließlich gibt es die profaneren Gründe. Jedes Archiv und jede Sammlung sortiert nicht nur Schriftgut, sondern auch Fotos nach bestimmten Kriterien aus, um sie zu kassieren, sei es aus Platzmangel oder weil die Fotos bestimmten technischen Ansprüchen nicht genügen, oder weil zu bestimmten Zeiten bestimmte Aufnahmen für unbedeutend gehalten werden, oder weil die Bildmotive nicht mehr zu bestimmen und auch nicht zu rekonstruieren sind oder weil es sich „nur" um fototechnisch minderwertige Abbildungen wie Cyanotypien handelt – selbst wenn diese die einzigen erhaltenen Bildzeugnisse darstellen. Wie Artefakte wurden und werden auch Fotografien zu Abfall, sobald sie ihre unmittelbare Nützlichkeit verlieren oder wenn das Wissen um ihre Bedeutung verloren geht.[22] Dann landen sie im Reißwolf. Insofern ist jeder Fotobestand eines Industrieunternehmens ein Teilbestand. Er enthält die absichtsvoll bewahrten, aber auch die zufällig erhaltenen Aufnahmen des Betriebs. Wie dargelegt, gilt dies in besonderer Weise für die Bildüberlieferung von Topf & Söhne und Nachfolgern.

3. Industriefotografie und Geschichte

Zugänge

Die Industriefotografie ist unter den fotografischen Genres dasjenige, dessen systematische Katalogisierung – die Benennung und Kategorisierung der Motive als (vor-)ikonografische Beschreibung - weit gediehen ist. Innerhalb der Geschichtswissenschaft wandte sich zuerst die Sozial- und Alltagsgeschichte den Arbeitern und den Bedingungen industrieller Arbeit im Foto zu. Sie tat dies nicht selten mit einer spezifischen „Betriebsblindheit" für andere Aspekte der Industriefotografie, und sie betrieb ihrerseits nicht selten eine Heroisierung der Arbeit und der Arbeiter.[23] Nur vereinzelt wandten sich Kunsthistoriker, Literaturwissenschaftler und Soziologen diesen Sujets zu.[24] Gelegentlich bildete das Œuvre/der Nachlass eines Fotografen die Basis für Beschreibungen zu den unterschiedlichsten Arbeitswelten im Bild.[25]

Seit den späten 1980er Jahren folgten Fotohistoriker und Bildwissenschaftler dem verdienstvollen Impuls, Bildbestände zu sichern, die in Gefahr waren, in Vergessenheit zu geraten oder gar kassiert zu werden.[26] Oder sie wollten im Zeitalter der Postindustrialisierung erklärtermaßen die Erinnerung an die großen Tage der Industrie in ihrer Region wach halten. Darüber hinaus war es ihnen ein Anliegen, den Strukturwandel der Deindustrialisierung und die Entwicklungssprünge der dritten und vierten Revolution – also Übergänge von der Industriegesellschaft in die Dienstleistungsgesellschaft und von ihr ins digitale Zeitalter in den Bildüberlieferungen zu dokumentieren. Vielfach wurden solche Projekte in enger Kooperation oder auf Initiative von Museen, Sammlungen, Archiven oder Universitätsinstituten lanciert. Dabei waren die exemplarische Auswahl eindrucksvoller Fotos oder der panoramatische Überblick und Einblick in die diversen Bildarchive gleichermaßen ein starkes Motiv.[27] Nach der Wende wurden ähnliche Projekte meines Wissens bislang nur für Sachsen und Brandenburg realisiert.[28]

Sofern es sich um Unternehmen und Betriebe handelt, deren Namen noch heute ein Begriff ist, oder deren Markenprodukte gar für alle Erzeugnisse ihrer Art stehen, kam ein gesteigertes Interesse an den einzelnen Produkten und ihrem Design sowie an der Produktwerbung im Medium der Fotografie hinzu. Gelegentlich ergriffen unternehmensnahe Stiftungen oder die Unternehmensleitung selbst die Initiative, wenn es darum ging, eine reiche Bildüberlieferung erforschen zu lassen und die Erträge dieser Forschung – auch jenseits einer opulenten und weithin unkritischen Festschriftenproduktion - zu veröffentlichen.[29] Gerade die westdeutschen Standards, die für das Produkt selbst oder für eine ganze Branche stehen wie zum Beispiel „Tempo" für Papiertaschentücher, „Bahlsen" für Butterkekse, „Tesa" für Klebestreifen, „Nivea" für Hautcreme, „Maggi" für Suppenwürze oder der „VW Käfer" für die deutsche Automobilindustrie und so weiter wurden über ihre fotografische Überlieferung und über ihre intensive Bildwerbung bald zu prominenten Fixpunkten einer Produkt-, Design- und Branding-Geschichte.[30] Ähnliches ist inzwischen auch für Ostprodukte wie Rotkäppchen-Sekt, Nordhäuser Doppelkorn und Florena Hautcreme unternommen worden.[31]

Im Mittelpunkt des unternehmensgeschichtlichen wie auch fotohistorischen Interesses stand bald die Frage, auf welche Weise und mit welchen Mitteln es einzelnen Unternehmen gelang, so etwas wie ein „Corporate Design" nach außen und eine „Corporate Identity" nach innen herzustellen und dauerhaft zu sichern, die das Unternehmen nach außen identifizierbar macht und die emotionalen Bindungskräfte nach innen stärkt: das Zugehörigkeitsgefühl, den Arbeitsstolz, das Qualitätsbewusstsein.[32] In England, Frankreich und den USA war die historische Forschung zu Gebrauch und Funktion der auftragsgebundenen Industriefotografie bereits etwas länger etabliert.[33] Stets war bei den Bildbeständen solcher Unternehmen die Aufmerksamkeit für die beteiligten Fotografen groß – sei es für die Werksfotografen im Unternehmen, vor allem aber für externe Fotografen. So erregte die Industriefotografie Ruth Hallenslebens und Albert Renger-Patzschs in den 1980er Jahren große Aufmerksamkeit. Die fotografischen Arbeiten Peter Keetmans im Volkswagenwerk aus den 1950er Jahren wurden in dieser Zeit entdeckt und zwanzig Jahre später erneut in einer großen Hommage präsentiert.[34] Bernd und Hilla Becher widmeten den Hochöfen des HOESCH-Konzerns eine Bildserie, die im unternehmenseigenen Museum 1990 präsentiert wurde.[35] Jüngst haben die Autoren der neuen Fotografiegeschichte zum zweihundertsten Geburtstag der Firma Krupp zahlreiche prominente Industrie-, Dokumentar- und Porträtfotografen ermittelt. Für Krupp arbeiteten neben dem langjährigen Werksfotografen Hugo van Werden in späteren Jahren bekannte Fotografen wie Emil Bieber, Albert Renger-Patzsch, Timm Rautert, Yousuf Karsh, Arnold Newman. Im Bereich der Porträtfotografie sind Jacob Hilsdorf, das Münchner Atelier Elvira, Nicola Perscheid zu nennen. Auch prominente Bildjournalisten wie Margaret Bourke-White, Hanns Hubmann, Benno Wundshammer, René Burri und Jupp Darchinger sind unter den Fotografen.[36]

Andererseits steckt die exemplarische Ikonographie, Ikonologie und Mediengeschichte einzelner Bildbestände von Unternehmen und Branchen noch in den Anfängen. Und man kann sich nur darüber wundern, dass selbst große Traditionsunternehmen nicht immer darüber im Bilde sind, welche Schätze ihr Archiv unter Umständen birgt. Oft genug wird das historische Bildarchiv als eine Art Kellermagazin der Pressestelle betrachtet, als zuverlässiger Bilderlieferant, wenn Bedarf nach Fotos aus der „guten alten Zeit" besteht.[37] Dann wissen wir in der Regel nur wenig über die beteiligten Fotografen, die Art der Aufträge, die Erwartungen der Auftraggeber, die Motivsuche, die Bildästhetik, die Aufnahmebedingungen einerseits und über die konkrete Verwendung der Fotos oder gar über ihre Rezeption im Einzelnen. Aus diesem Grunde sind auch Vergleiche von Bildbeständen nur ausnahmsweise möglich. Sie sind noch am erfolgversprechendsten auf der Ebene der ikonografischen Beschreibung charakteristischer Bildmotive und Motivgruppen.

Bei der Annäherung an Einzelbilder und Bildserien der auftragsgebundenen Industriefotografie, deren Autorenschaft feststehen und die bereits nach Anlass und Übereinkunft über die reine „Belegfotografie" zu Dokumentationszwecken oder als Bildmaterial zu Ausbildungszwecken hinausgehen, gibt die künstlerische Dokumentarfotografie der Industrie, der Architekturen und der Dinge wertvolle Anregungen. Hier ist insbesondere die inspirierende „Düsseldorfer Photoschule" der Düsseldorfer Akademie zu nennen, die als Fotoklasse 1976 eingerichtet wurde und aus der namhafte Fotografen wie Bernd und Hilla Becher, Candida Höfer, Andreas Gursky, oder Thomas Ruff hervorgingen.[38]

Themen, Leitmotive und Bildsprache

Historiografische Studien und Dokumentationen zur Industriefotografie machen – neben theoretischen Überlegungen zur Fotografierbarkeit der Industrie nach dem jeweiligen Stand der Fototechnik und neben Überlegungen zur Periodisierung - prominente Themen aus: dazu zählen die Produkte, Erzeugnisse und Dienstleistungen, die Betriebe und Anlagen, die Produktionsvorgänge in Einzelschritten, die gesamte Logistik zwischen Lagerhaltung, Versand und Transport, das Werk im Überblick, besondere Ereignisse oder Störungen im Betriebsablauf, die legendäre Gründergeneration und die Nachfolger, die Belegschaft nach den betrieblichen Hierarchien vom Lehrling zum Meister, von den Bürokräften über die technischen Angestellten bis zu den „Experten im weißen Kittel" und die Führungsebene und schließlich alle Aspekte der betrieblichen Sozialpolitik.[39]

Die Anlässe und Absichten der Eigentümer, ihr Unternehmen fotografieren zu lassen, waren vielfältig. Firmenjubiläen und eine runde Produktionszahl waren genauso bildwürdig wie die Stückzahlen eines Arbeitstages, die Anschaffung einer neuen Maschine und die Demontage ihrer technisch veralteten Vorgängerin. Betriebliche Neubauten, Abbrüche oder Kriegszerstörungen, die räumliche Expansion des Werkes weit in die Landschaft hinaus oder tiefer in die Stadt hinein wurden ins Bild gesetzt. Fotografien aus der Versandabteilung gehörten zum festen Repertoire der Industriefotografie – als sichtbare Zeichen des nationalen Wohlstands, des unternehmerischen Erfolgs, der Exportorientierung und der internationalen Geschäftsbeziehungen.

Den größten Teil der Bildbestände nehmen in der Regel die Aufnahmen der Unternehmensprodukte ein. Sie sprechen für die Qualität, Haltbarkeit und Sicherheit der Erzeugnisse jeglicher Art. Die fotografischen Arrangements variieren zeittypisch und produktspezifisch. Gemeinsam ist aber vor allem um die Jahrhundertwende das Arrangement vor einer neutralen Leinwand. Darüber hinaus dominierte lange das „stillebenhafte" Arrangement einer „industria morte". Eine Sichtweise, die das Erzeugnis im Gebrauch oder in Aktion vorführte, setzte sich erst mit der deutlichen Verkürzung der Belichtungszeiten in Innenräumen im 20. Jahrhundert durch.

Die Errungenschaften der betrieblichen Sozialpolitik und Hygiene – der Waschraum, die Kantine, der Pausenraum – waren stets eine Aufnahme wert. Sie mehrte den Ruhm des Unternehmens und seine Wohltätigkeit. Nicht selten wurden auch die Belegschaften nach Produktionsbereichen oder Abteilungen gruppenweise porträtiert. Jubilare mit langjähriger Betriebszugehörigkeit und „verdiente" Arbeiter hielt man im Foto fest, zur persönlichen Erinnerung des Ausgezeichneten und für den Abdruck des Bildes in den Werksmitteilungen oder zu DDR-Zeiten in Wandzeitungen.

Dem Wunsch, die Entwicklung des Unternehmens über die Zeit fotografisch festzuhalten, war unverkennbar die Idee einer visuellen Inventur und einer Chronik in Bildern eingeschrieben.

Dem arbeitenden Menschen kam in der auftragsgebundenen Industriefotografie eine ambivalente Bedeutung zu. Stets diente er innerhalb der Arrangements von Produkten und Maschinen buchstäblich als belebender Faktor. Noch 1964 ist über die Industriefotografie gesagt worden:

„Ohne Menschen ist die Industrie eine Anhäufung toter Objekte: der Mensch erst belebt das Industriewerk, die Gießerei, das Elektronengehirn und den Grubenschacht. Deshalb gehört zur Definition eines Werkes, zur Repräsentation eines Betriebes das Foto vom Menschen."[40]

In den Anfängen diente der Mensch darüber hinaus traditionellerweise als starrer „menschlicher Maßstab", als Größenbeweis für Längen, Höhen und Durchmesser. Im 19. Jahrhundert wurden solche Bilder der besseren Lichtverhältnisse wegen nicht selten im Freien aufgenommen. Andererseits lichteten ambitionierte Fotografen bereits nach der Jahrhundertwende Arbeiter an ihrem Arbeitsplatz ab. Die Objekte verharren in der Pantomime der charakteristischen Handbewegung, umgeben von den Utensilien ihrer Tätigkeit wie lebende Bilder, vor der Kamera. Momentaufnahmen der Mitarbeiter in Bewegung, aufgenommen in Innenräumen, gibt es, technisch bedingt, erst seit den 1920er Jahren – vereinzelte Ausnahmen bestätigen die Regel.

Eine Besonderheit innerhalb der Belegschaftsfotografie stellen die Arrangements und Alben von Porträtfotografien dar, die dem Inhaber zum Geburtstag oder anlässlich eines Unternehmensjubiläums von seinen Arbeitern und Angestellten zum Geschenk gemacht wurden. Seit den 1870er Jahren war dies offenbar in Mode gekommen als Bezeugung persönlicher Loyalität der Mitarbeiter gegenüber ihrem Brotherrn. Wir finden solche Alben und Arrangements in einigen Unternehmensarchiven, etwa im Historischen Archiv der Fried. Krupp AG (für 1873), im Archiv des Münchner Oldenbourg Verlags (für 1881) und im Bildarchiv des Deutschen Museums für J.F. Eisfeld. Pulver- und pyrotechnische Fabriken. Armee-, Marine- und Eisenbahnsignalmittel (für 1914).

In der Gesamtschau diente die Industriefotografie nicht allein dem Ziel, Maschinen, Anlagen, Arbeitsprozesse und Produkte für den Blick des Technikers und des potentiellen Kunden abzulichten, obgleich diese aus den gezeigten Details viele Informationen entnehmen konnten. Ein zentrales Leitmotiv der Industriefotografie bestand auch darin, die Leistungsfähigkeit, die Produktionskapazitäten und das künftige Potential des Unternehmens darzustellen. Hier kam ein modernisierter Begriff der „industria" zum Tragen. Nun wurden für die Tugend des (Gewerbe-)Fleißes im Verbund mit der Betriebsamkeit im Medium der Fotografie neue Bildlösungen gefunden. Man war nicht mehr ausschließlich auf die „altmodischen" symbolischen Allegorien angewiesen. Nicht selten wurde damit der Anspruch auf Branchenführerschaft erhoben.

Eher selten wird in der Historiografie zur deutschen Industriefotografie die Bildsprache thematisiert. Dabei kann nicht genug betont werden, dass der beauftragte Fotograf oder der Werksfotograf auch im Genre des Dokumentarischen sein Talent für Inszenierungen einsetzt und zeitgebundenen Konventionen der Darstellung folgt. Apparaturen, Maschinen oder Zweckbauten stehen monumental im Bild, nicht nur weil sie tatsächlich von monumentaler Größe sind, sondern weil sie den Stolz ihrer Konstrukteure und Erbauer und die gelegentlich komplizierte Prozedur der fotografischen Aufnahme erahnen lassen sollen. Licht, Perspektive und Hintergrund müssen „stimmen", um die skulpturale Dimension der Objekte und ihre spezifische Materialität abzubilden oder die Objekte in ihrem „Idealzustand" zu präsentieren – als Visitenkarte für das Unternehmen selbst. Offensichtlicher sind die Arrangements und Inszenierungen in der Phase des „Neuen Sehens" und der „Neuen Sachlichkeit" in den 1920er Jahren. Nun geht es um prägnante Details der Maschine, um Volumen und Materialität, aber auch um ungewöhnliche Perspektiven auf die Dinge: die Diagonale, extreme Vogelperspektiven oder Untersichten. Den industriellen Objekten wird eine eigene ästhetische Qualität zugesprochen, die sie als Einzelstücke, vor allem aber in ihrer Serialität unter Beweis stellen. Bis in den 1930er Jahren besondere Lichteffekte, ein kühner Bildausschnitt und die Mimik der „Arbeiterdarsteller" in Nahaufnahme auf die Expression vertrauen. Die Subjektive Fotografie der 1950er Jahre indes setzt im Bereich der Industriefotografie, wie anderswo auch, auf das Moment der Verfremdung durch Abstraktion.[41]

Medien der Repräsentation

Die Forschungen zur Industriefotografie haben sich über die auftragsgebundene Bildproduktion hinaus auch ihrem Verwendungszweck als Ansichten im „Genre des Dokumentarischen" schlechthin und den Formen der Zirkulation und Verbreitung zugewandt: Sie richteten ihr Augenmerk auf die Einzelaufnahme und das Fotoalbum in gehobener Ausstattung, die als repräsentative Erinnerungsbilder besondere Momente der Unternehmensgeschichte im Bild festhielten und zur Ansicht oder als Geschenk zirkulierten. Sie zielten auf die Produktion und Verbreitung von Fotografien als Bildpostkarten. Sie zielten auf die Fotografie als Informationsmedium für Ingenieure, Techniker, Architekten und anderer Experten über den Fortgang der Konstruktion von Bauten, Maschinen und Anlagen von den ersten Schritten bis zu ihrer funktionsfähigen Vollendung. Sie würdigten die Funktion der Industriefotografie als Bestätigung des Fortschritts nach dem jeweiligen Stand der Technik, der auch die Dokumentation von Materialbelastungsproben und Zerstörungen einschließt. Sie betonten den Einsatz der Fotografie von Waren, Erzeugnissen, Dienstleistungen in Katalogen, Broschüren und Musterblättern zu Werbezwecken. Sie folgten in der Fotografie der sozialen Wirklichkeit am Arbeitsplatz den Ansprüchen der Auftraggeber, wie sie wirkungsvoll in Werkszeitungen und

Festschriften des Unternehmens zur Darstellung kamen. Sie untersuchten Großfotos und Plakate, die als Requisiten für Gewerbeausstellungen dienten.[42] Für alle Anwendungen und Gebrauchsweisen stellt sich die Frage nach den bevorzugt ausgewählten Motiven und Bildausschnitten und den intendierten Botschaften, aber auch nach Art und Umfang der Aufträge, nach den ausführenden Unternehmen und Grafikern und nach Auflagen und Wirkungen.

4. Global Player mit Willen zur Repräsentation

Sowohl Topf & Söhne wie auch seine Nachfolger in der DDR rühmten sich dafür, dass die Qualitätsprodukte aus Erfurt – die Mälzereianlagen und Silos, aber auch die industriellen Feuerungsanlagen in die ganze Welt verkauft wurden. Zu DDR-Zeiten schnurrte der Absatzmarkt selbstredend auf das sozialistische Wirtschaftsgebiet der Bruderstaaten zusammen. Das hielt den volkseigenen Betrieb nicht davon ab, mit einer Weltkarte zu werben, wie es der Vorgänger in den 1920er Jahren getan hatte. Allein die Abnehmer konzentrierten sich nun auf einen anderen Teil der Welt.

Abb. 1 „Topf in aller Welt", 1920er Jahre.

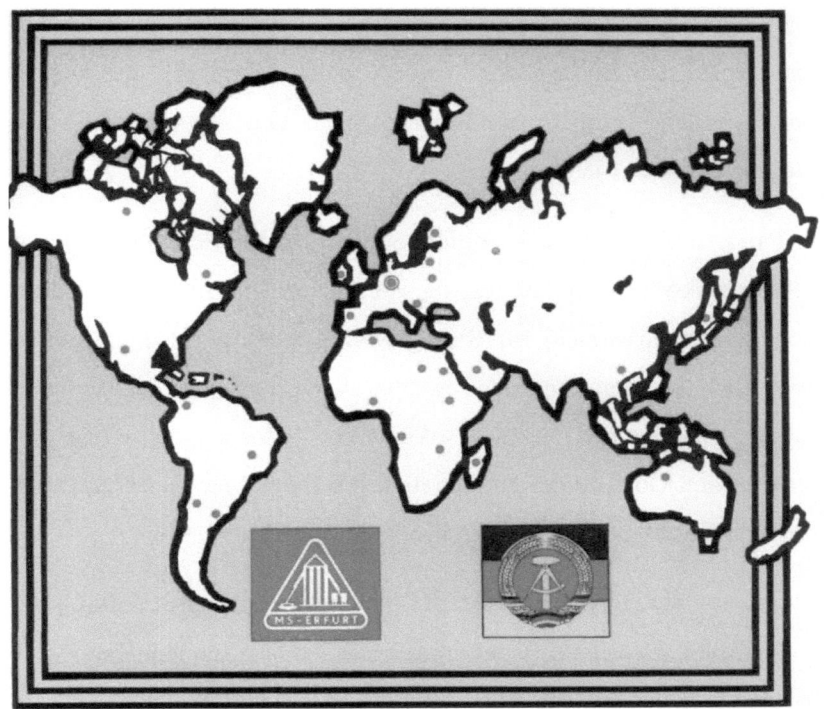

Abb. 2 „Fortschritt in aller Welt!", Prospekt VEB Mälzerei, Speicherbau, 1980er Jahre.

Doch wie setzten sich das Unternehmen und seine Nachfolger in knapp 120 Jahren ins Bild? Zu welchen Gelegenheiten und Anlässen präsentierte es sich selbst nach innen und außen? Und wie wurden seine Produkte und Anlagen von anderen über die Jahrzehnte ins Bild gesetzt? Es geht um die „Organisation des Blicks"[43] von Mitarbeitern, potentiellen Kunden, technischen Erfindern, Entscheidern in den Patentämtern und potentiellen Industriespionen und um ihre öffentliche Wirkung.

Die visuelle Geschichte des Industrieunternehmens berührt technische Fragen wie die, ob und seit wann es einen hauseigenen Fotografen, ein

Fotolabor und ein Unternehmensarchiv gab, oder welche externen Fotografen für den Betrieb tätig wurden, welche Kameras, und welche fotografischen Verfahren zum Einsatz kamen, oder seit wann die Farbfotografie Einzug hielt.

Im Fall des Unternehmens Topf & Söhne geht es allerdings auch um die Beweiskraft der Industriefotografie für die Mitglieder von Untersuchungskommissionen, für Staatsanwälte, Verteidiger und Richter. Denn nach der Befreiung der Konzentrations- und Vernichtungslager stellte sich sofort die Frage, was Akten und Fotos aus den Kriegsjahren über den Umfang der Kooperation mit der SS beweisen und vom Sinn und Zweck der Topf'schen Produkte zeigen.

Was zeigen die Bilder von Topf & Söhne, die der Nachwelt durch puren Zufall oder aus ganz bestimmten Gründen erhalten geblieben sind, die also nicht vernichtet oder verschwunden sind? Welcher Choreographie folgt die Industriefotografie? Wie konstant ist sie? Und falls sie es nicht ist, an welchen Veränderungen orientiert sie sich über die Jahrzehnte? Sind es ausschließlich die Koordinaten der Unternehmensökonomie – der Stand der Technik, die Produktionskapazität, die Qualität der Produkte, die Vertriebsmöglichkeiten, die besonderen Ereignisse in der Betriebsgeschichte – oder auch die politischen Großwetterlagen oder die Veränderung der industriellen Arbeitswelt? Lassen sich hinter der Inszenierung und dem allfälligen Pathos der Industriefotografie sperrige Details ausmachen - Momente, die bereits den Zeitgenossen und auch den Betrachter von heute irritier(t)en? Anders gefragt: Lässt sich in manchen Motiven der betrieblichen Industriefotografie ein Roland Barthes'sches <Punktum> erkennen?[44]

Am Ende einer „Visual History" Topf & Söhnes und seiner Nachfolger stehen die Symbolbilder der renovierten und zum Erinnerungsort gestalteten Unternehmenszentrale einerseits und die Aufnahmen vom leergefegten Gelände, auf dem voraussetzungslos etwas Neues entstand.

Zur Institutionalisierung der Werksfotografie

Nicht nur in den wilden Zeiten der Produktpiraterie und Werksspionage, als das Patentrecht noch in den Kinderschuhen steckte, versuchten die Industrieunternehmen, ihre Betriebe und Produktionsabläufe vor fremden Blicken zu schützen. Bis heute gelangen Unbefugte nicht so leicht auf ein Werksgelände, schon gar nicht, wenn sie eine Fotokamera bei sich haben. Insofern ist der Blick, den externe Fotografen ins Innere des Unternehmens riskieren dürfen, noch immer exklusiv zu nennen. Lieber hätten die meisten Firmen und Konzerne aus Gründen des Betriebsgeheimnisses werkseigene Fotografen beschäftigt. Da sie über Kenntnisse der Betriebsabläufe verfügten, eventuelle Vorlieben ihrer Vorgesetzten kannten und weil sie unter der Belegschaft bekannt waren, galten letztere als Spezialisten für die Belange des Unternehmens. Aus Kostengründen bestand aber in den allermeisten Industrieunternehmen keine ständige fotografische Abteilung, in der ein oder mehrere Fotografen und Retuschezeichner kontinuierlich beschäftigt worden wären. Erst eine gewissen Betriebsgröße und ein hinreichend entwickeltes Traditionsbewusstsein ließen eine eigene fotografische Abteilung notwendig erscheinen. Der angestellte Werksfotograf blieb folglich die große Ausnahme, obwohl er heutzutage fälschlicherweise als Normalfall angenommen wird. Stattdessen hielt man sich von Fall zu Fall an Externe. Ortsansässige Fotografen erhielten die Aufträge. Nicht selten entstand auf diese Weise eine langjährige Bindung an das Unternehmen. Nur zu besonderen Anlässen betraute man unter Umständen berühmtere Kollegen.

Fotos ohne Herkunftsnachweis bedeuteten nicht automatisch, dass hier ein angestellter Werksfotograf tätig war. Eine Namensnennung leisteten sich nur wenige Handwerkerfotografen am Ort – zumal wenn es sich um Aufnahmen von Architekturen, Produktionsstätten oder Erzeugnissen handelte. Nur der prominentere Fotograf „signierte" seine Aufnahmen.

Besonders selten war die (halb)professionelle Gelegenheitsfotografie durch Mitarbeiter des Unternehmens. Und wenn Mitarbeiter doch einmal fotografieren durften, dann handelte es sich um Beamte und Ingenieure mit besonderen Aufgaben. So wurden zum Beispiel um die Jahrhundertwende bei Zeiss in Jena die Foto-Objektive der eigenen Produktion durch Mitarbeiter getestet. Erst in den 1970er Jahren wurde das Fotografieren durch Werksmitarbeiter – in West- und Ostdeutschland – anscheinend verbreiteter.

Für die meisten Unternehmen ist über die Fotografen und ihre Aufträge wenig oder gar nichts bekannt. In einem Bereich der Fotografie, dem bis in die frühen 1920er Jahre wenig künstlerische oder ästhetische Qualität zugeschrieben wurde, sondern ausschließlich ein vordergründiger Gebrauchswert interessierte, traten die Fotografen meist ganz hinter ihre Auftragsarbeit zurück.[45] Dabei kann bereits der Blindstempel des Fotografen oder des Ateliers erste Hinweise auf die Wirkungsstätte und eine eventuelle Spezialisierung geben. Seit den Anfängen hinterließen freiberufliche Fotografen, die ins Werk bestellt wurden, einen Herstellerhinweis auf dem Bild oder auf seiner Rückseite, um sich beim Auftraggeber in Erinnerung zu halten: jedes Foto eine Visitenkarte des Fotoateliers. Beispielsweise empfahl sich Oskar Anders aus Beuthen/Oberschlesien bereits im Jahr 1900 als „Industrie-Photograph".

Bis heute sind Fragen zur Bildästhetik einzelner Industriefotografen, vor allem aber zu den ausdrücklichen Verabredungen des Auftrags und den „selbstverständlichen" Übereinkünften zwischen Fotografen und Auftraggeber und zu den Weisungen „von oben" unerforschtes Gelände. Nicht selten sind über die beteiligten Fotografen noch nie Recherchen unternommen worden. Ihre Aufnahmen werden im konventionellen Sinn betrachtet wie „Abziehbilder" oder „Belegfotos" einer vorgefundenen industriellen Wirklichkeit. Dabei kann man davon ausgehen, dass die auftragsgebundene Industriefotografie eine viel zu wichtige Sache war, als dass sie den Fotografen ausschließlich zur freien Gestaltung überlassen worden wäre. Andererseits liegt die Arbeit der Industriefotografen zweifellos im Spannungsfeld zwischen einer aufs Handwerklich-Technische reduzierten „Gebrauchsfotografie", die sich nach den Vorstellungen des Auftraggebers richtet und einer künstlerisch motivierten, kreativen Fotografie, deren Hersteller Autorenstatus beansprucht.

Die Vermutung liegt nahe, dass das Unternehmen Topf & Söhne zumindest nach 1900 einen Werksfotografen und ein bis zwei Mitarbeiter beschäftigte. Die Überlieferung enthält Aufnahmen eines werkseigenen Fotolabors. Das Organigramm aus den Kriegsjahren weist innerhalb der technischen Verwaltung eine „Lichtpaus- und Fotostelle" aus. Fotografische Aufträge im Unternehmen und in seinem näheren Umkreis wurden vermutlich in den meisten Fällen durch den eigenen Fotografen erledigt, ebenso wie die Entwicklung und Vergrößerung, die Bearbeitung im Negativ und die Nachbearbeitung im Positiv.[46]

Die Fotostelle

Die Bildserie mit der Signatur 289 enthält drei Aufnahmen der fotografischen Abteilung. Das Büro der Fotostelle, das im Gebäude 6 lag, besteht aus einem schmalen Raum. Links befindet sich ein Schrank, dessen massiver Unterbau als Planschrank zur Lagerung von großformatigen Blättern diente. Im oberen Aufsatz wurden hinter gläsernen Schiebetüren Fotopapier und Chemikalien gelagert. Auf einem langen Tisch sind Holzkästen abgestellt, wie man sie zur Lagerung und Archivierung von Glasplatten-Negativen im Format 10x15 cm benutzte.

Im Keller des Gebäudes 6 lag das gut ausgestattete Fotolabor. Hier konnten Aufnahmen von Dokumenten professionell ausgeleuchtet werden. Eine Zeitschaltuhr gewährleistete optimale Belichtungszeiten.

Die Dunkelkammer, die sich im selben Gebäudeteil befand, ermöglichte die Entwicklung, Vergrößerung und Retusche von Bildern. Das Foto der Dunkelkammer zeigt die elektronischen Trockenpressen für Papierabzüge, die Entwicklerrahmen für Glasbilder, eine Dunkelkammerlampe sowie die Entwickler-, Fixier- und Wässerungsbäder. Sogar die Behältnisse mit den Chemikalien sind zu sehen.

Abb. 3 Fotolabor, 1943. HStA Weimar Sign. 289, Nr. 73.

Wir wissen nicht, wer in den Jahrzehnten des Bestehens des Unternehmens als Werksfotograf tätig war. Auch die Kennzeichnung der Fotos gibt darüber keinen Aufschluss. Die Werksfotografie wurde lediglich mit dem Topf'schen Logo, einer Zählung und mit dem Vermerk „Werkfoto" gestempelt. Der Fotograf als Autor war ohne Belang. Insofern verstand auch dieses Unternehmen die Werksfotografie als reine Gebrauchsfotografie.

Anders verhält es sich mit den Fotos beim Kunden. Aufnahmen der Topf'schen Anlagen in den Betrieben von Kunden übernahmen Fotografen am Ort. Im digitalisierten Teilbestand der Bildüberlieferung im Hauptstaatsarchiv Weimar sind bislang folgende Fotografen nachzuweisen:

K. Mollenhauer, Hof-Photograph, Fulda
Karl und Elise Mollenhauer führten um 1910 ein Fotoatelier in Fulda. Ihre Fotos dienten unter anderem als Vorlagen für zeitgenössische Ansichtskarten aus der Region. Für Topf & Söhne lichtete K. Mollenhauer Silos in Fulda ab.

Fotograf: H. Stadler, Breslau
Ausweislich des Breslauer Adressbuches von 1941 hatte Heinrich Stadler sein „Photographisches Atelier" in der Friedrich-Wilhelm-Str. 37. Er dokumentierte für Topf & Söhne den Bau eines Silos in Breslau.

J. Drossel, Foto-Werkstätten, Altona
Die Foto-Werkstätten lichteten für Topf & Söhne die Silo-Anlage der Firma J. Müller in Brake/Oldenburg ab. Der Hafen Brake war von jeher ein europäisches Zentrum für den Umschlag, die Lagerung und Bearbeitung von Agrargütern und hier von greiferfähigem Schüttgut: Getreide, Futtermittel, Ölsaaten, Düngemittel, Rohrzucker und anderes wurden hier nicht nur gelagert, sondern auch bearbeitet, das heißt aspi-

riert, gebrochen, gemahlen, gemischt, geschrotet und getrocknet. Das Schüttgut wurde von hier zu Lande oder zu Wasser weitertransportiert. Das Unternehmen unterhielt dazu eine eigene Binnenschifffahrtsflotte. Damals war der Topf'sche Silo für das Unternehmen „J. Müller" in Umfang und Höhe eine besondere Ingenieurleistung.[47]

Dora Wittmayr, vormals Jean van Daalen. K.K. Hoffotograf, Nördlingen

Die Fotografin, die zu einem unbekannten Zeitpunkt die Nördlinger Filiale des Fotoateliers van Daalen übernommen hatte, lichtete im Auftrag von Topf & Söhne Darrehauben ab. Jean van Daalen war Kaiserlicher und Königlicher Hoffotograph und unterhielt Filialen in Gmünd, Aalen und Nördlingen. Auf der Rückseite seiner Cartes de Visites-Porträts und Brustbilder der Kunden warb er aufwändig mit zahlreichen fürstlichen Auszeichnungen In der Provinz dürfte er das gewesen sein, was man den „ersten Photographen am Platze" nennen konnte. 1911 eröffnete er ein weiteres Atelier in Dresden.

Über *Photo Voss, Hamburg*, der Topf'sche Darrehauben fotografierte, ist leider nichts bekannt.

Walter Danz, Halle (1904-1986)

Der bislang prominenteste Fotograf, der als Kundenfotograf für Topf & Söhne ermittelt werden konnte, ist Walter Danz. Von ihm stammt die Aufnahme der Speicheranlage im Hamburger Hafen, die in zahlreichen Abzügen vorhanden ist. Als Wandschmuck diente das gerahmte Foto zusammen mit anderen Aufnahmen auch zur Verschönerung einer Sitzecke im Verwaltungsgebäude, wie das Foto im Foto bezeugt. Sie diente Kunden als Wartebereich.

Walter Danz begann als Amateurfotograf mit Natur- und Landschaftsstudien. Im Jahr der Weltwirtschaftskrise, 1929, wandte er sich Milieubildern und Stadtaufnahmen zu. In der Tradition des „Neuen Sehens" experimentierte Danz mit Licht-/Schattenkontrasten. Seit 1932 war er Bildreporter der „Illustrierten Halleschen Nachrichten". 1938 eröffnete er zusammen mit Heinrich Ziegler, einem Absolventen der Fotoklasse Hans Finslers an der Burg Giebichenstein, ein Fotogeschäft. Im Krieg war Danz einfacher Soldat. Nach der Entlassung aus der Kriegsgefangenschaft wandte sich Danz in der DDR als „Fotografiker" schließlich der Objektfotografie zu. Als einer der ersten Fotografen wurde er 1952 in den Verband Bildender Künstler der DDR aufgenommen. Sein Nachlass befindet sich im Archiv der Sammlung Photographie der Stiftung Moritzburg, im Archiv der Burg Giebichenstein in Halle und in der Stiftung Preußischer Kulturbesitz in Berlin.

Lotte Wehlau, Erfurt
Sie fotografierte „Silos A.D." Über die Fotografin sind keine weiteren Informationen zu ermitteln.

Über die Werksfotografie aus den Dekaden 1949 bis 1989/90 wissen wir noch weniger. So ist nicht bekannt, wer die Bildvorlagen für Prospekte der NAGEMA, des „VEB EMS" und des „Kombinats Fortschritt", zu dem EMS gehörte, angefertigt hat. Ein farbenfroher Prospekt des Kombinats VVB „Fortschritt" zum Thema Mälzereianlagen des Erfurter Betriebes, weist im Jahr 1982 für die „Gestaltung und Regie" Karl Boettger in Erfurt aus. Die Retuschen besorgte Peter Relinger, ebenfalls aus Erfurt. Gedruckt wurde im VEB Dienstleistungskomplex (DLK) in Sömmerda.[48] Ganz offensichtlich wurde mindestens zu Beginn der 1980er Jahre die Herstellung von Prospekten nach draußen gegeben und nicht im Betrieb selbst übernommen.

Als Anfang der 70er Jahre die innerbetrieblichen Freizeitaktivitäten ausgebaut wurden, gründeten begeisterte Fotoamateure 1972 unter der Ägide des FDGB einen Fotozirkel. Der war vor allem fürs Soziale zuständig. Man fotografierte Brigadefeiern, die freiwillige Feuerwehr und das betriebseigene Kinderferienlager (1980). Wer die klassischen Sujets der Werksfotografie für die Verkaufsprospekte in der sozialistischen Planwirtschaft ablichtete, ist heute nicht mehr zu ermitteln. Bis zuletzt handelte es sich vor allem um Schwarzweißfotos, Farbbilder waren selten. Der Gründer des Fotozirkels, Norbert Höfel, arbeitete nach eigenem Bekunden bevorzugt mit der Exa 1a (Vario) und der Pentacon Six. Höfel betreute neben seiner hauptberuflichen Tätigkeit als Ingenieur im Bereich Korrosionsschutz und als Betriebsratsvorsitzender (1991-1996) ehrenamtlich seit den 1970er Jahren auch das Bildarchiv des Betriebs.

Die Lichtpausestelle

Fotokopierer und Mikroverfilmungen bildeten im Zweiten Weltkrieg die Avantgarde der Vervielfältigungs- und Dokumentationstechnologien. Konstruktionspläne und Entwürfe konnten auf diese Weise gesichert werden, ebenso wie Kataster und Baupläne.

Versuche, Dokumente zu kopieren, wurden bereits seit Mitte des 19. Jahrhunderts mit lichtempfindlichem Papier unternommen. Als erste kommerziell verwertbare Technologie kamen in den 1870er Jahren die „Blaupausen" auf den Markt, die vor allem bei der Vervielfältigung von Konstruktionsplänen und Architekturzeichnungen Anwendung fanden. Es folgten diverse Verfahren des Kontaktkopierens mit unterschiedlichen Chemikalien und zeitgleich Anfang des 20. Jahrhunderts auch Kopierverfahren, die eine großformatige Kamera mit einer Entwicklervorrichtung kombinierten. Der Prototyp des heutigen Fotokopierers wurde jedoch erst 1937 in den USA zum Patent angemeldet. Und der erste kommerzielle Kopierer gelangte 1949 ebenfalls in den USA auf den Markt. Über die Entwicklung des Fotokopierens in Deutschland wissen wir bislang fast nichts.

Soviel ist aber sicher: Unternehmen, die Reproduktionen von bereits vorhandenen Dokumenten anfertigen konnten, winkte im Krieg ein lukratives Geschäft – in der Wehrmacht ebenso wie in der Rüstungsindustrie. Nicht ganz uneigennützig umriss der Unternehmer L. Fritz Gruber 1944 das patriotische Aufgabenfeld des Fotokopierens:

„Seit Kriegsbeginn hat die Fotografie eine Reihe neuer, wichtiger Aufgaben erhalten. Besondere Bedeutung kommt hierbei der Fotokopie zu. [...] Außer Akten, Karteien und sonstigem Schriftgut sind für die Kriegsproduktion alle Konstruktionszeichnungen und großen Pläne von entscheidender Wichtigkeit. [...] So sehr auch immer eifrige Propagandisten behaupten mögen, Fotokopieren sei ein Kinderspiel, so falsch und gefährlich ist diese Erklärung. Die Beurteilung der aufzunehmenden Vorlage, sie bietet mancherlei Probleme, die Lehrgeld kostet und die zum mindesten beaufsichtigend nur der Fachmann

*meistert. Erfreulicherweise ist aber an maßgeblichen Plätzen in Deutschland eine Avantgarde an der Arbeit, die dem Fortschritt mit Bestleistungen der Fotokopiertechnik den Weg bahnt und heute der Kriegsführung unentbehrliche Hilfe leistet."*⁴⁹

Topf & Söhne befand sich hier ganz offensichtlich auf der Höhe der Zeit. Aufträge dieser Art wurden nicht an Fremdfirmen gegeben. Man fotokopierte selbst! Zwei Aufnahmen des Jahres 1943 dokumentieren die eingesetzte Technik: In einem Kellerraum ist der „Schwarzkopierer" der Firma METEM aufgestellt. Hier fertigte man Lichtpausen im Maßstab 1 : 1, Inverskopien (weiß auf schwarz) von Zeichnungen und Schriftstücken. Auf den beiden Schreibtischen, die rechts an der Wand entlang aufgestellt sind, befinden sich sechs Ablagen. Offenbar sind vor dem Wochenende alle Aufträge erledigt worden. Denn die Ablage „unfertige Sachen" ist leer. „Fertige Sachen" hingegen liegen in großer Zahl zur Abholung bereit. (Nr. 71) In einem anderen Keller oder im selben Raum gegenüber werden großformatige Kopien von Zeichnungen und Plänen zum Trocknen auf eine Trommel gespannt. (Nr. 72) Dies legt die Vermutung nahe, dass bei Topf & Söhne die Kopien als Nassabzüge angefertigt wurden. Bei diesem Verfahren wurde – anders als bei der Xerographie – der Toner nicht als Pulver, sondern als Suspension in einer Transferflüssigkeit eingesetzt.

Werbung und Corporate Identity

Die Abteilung nannte sich anfangs „Literarisches Bureau", später „Werbe- oder Reklameabteilung" und zuletzt „Offerteabteilung". Die

Bezeichnung wechselt, die Kernaufgaben blieben. Für die Gestaltung der Geschäftsdrucksachen, der Produktkataloge, der Prospekte und der Messeinformationen war diese Abteilung mindestens ebenso wichtig wie die eigentliche fotografische Abteilung, welche die Vorlagen lieferte. Bislang wissen wir über die Schaltstell der Bildauswahl, Bildbearbeitung und der Verbreitung der Bilder bei Topf & Söhne und Nachfolgern nur sehr wenig.

Ausweislich der Archivbestände „Drucksachen" im HStA Weimar maß das Unternehmen der Produktion von Informationsmaterialien, Broschüren und Werbeplakaten aber von Anbeginn an größte Bedeutung bei. 1935 präsentierte sich „Topf & Söhne" als führender Betrieb mit Strahlkraft in die Stadt Erfurt hinein. Wie der Korb eines Heißluftballons schwebt das Firmenlogo über dem Werk mit Gleisanschluss. Man demonstriert Selbstbewusstsein.

Notizen und Randbemerkungen zu einigen „bearbeiteten Fotos" und Anweisungen, wo und wie solche technischen Hinweise platziert werden dürfen, sowie die sorgfältige Verpackung solcher Aufnahmen in Seidenpapier sprechen dafür, dass Produktfotos oder Werksansichten, die in großen Auflagen oder in bestechend superber Qualität reproduziert werden sollten, nach draußen gegeben wurden. Und tatsächlich betraute Topf & Söhne mit solchen Aufträgen den Erfinder und prominenten Marktführer für Autotypien: Meisenbach, Riffarth & Co, damals das größte Unternehmen für die Bild-Klischee-Herstellung in Deutschland. Weil sie geografisch näher lag, arbeitete das Erfurter Unternehmen nicht mit der Berliner Zentrale, sondern mit der 1894 errichteten Leipziger Dependance zusammen.

„Für den Prospektor" wurde nicht selten das gewünschte Druckformat vermerkt, wie etwa bei der Aufnahme „Zur Prospekt Reihe Laboratorium" (Sign. 276, Nr. 9).

„1 Autofylie [d.h. Autotypie] in Kupfer

Randlium, 1 Galvano, Raster 200, Größe 5 cm hoch, 7,3 cm lang, 161a" (Sign. 279, Nr. 9).

Ebenfalls unter Sign. 279 findet sich der Hinweis „Autotypie in Kupfer, Randlium, 1 Galvano Raster 1"

1882 hatte der Münchener Kupferstecher Georg Meisenbach das Patent für eine Erfindung erhalten, welche die Möglichkeiten des Illustrationsdrucks revolutionieren sollten: die Autotypie. Damit bezeichnete Meisenbach ein fotografisches Reproduktionsverfahren zur Herstellung von Halbtonbildern nach Klischees, bei dem volle Flächen unter Anwendung von Rastern in Linien oder Punkte zerlegt wurden. Mit der Autotypie war es fortan möglich, Fotos in Büchern, Zeitschriften und Zeitungen zu drucken, zuerst in Schwarzweiß, später auch in Farbe. Von den gerasterten Klischees, die aus Zink oder Kupfer bestanden, wurde ein Wachsabdruck hergestellt, der mit einem dünnen galvanischen Kupferüberzug versehen wurde. Das sogenannte Galvano füllte man anschließend mit einer Bleilegierung, dem Typometall. Auf diese Weise konnte eine detailgetreue Abbildung des Originalklischees abgeformt werden. Diese Verfahren kam bevorzugt für Drucke zur

Anwendung, die höchsten Qualitätsansprüchen genügen sollten, aber auch dann, wenn in sehr hohen Auflagen gedruckt wurde.[50]

Das erste nach dem Meisenbachschen Verfahren gerasterte Foto, das Bild eines fein ziselierten Pokals erschien 1882 in der Leipziger „Illustrirten Zeitung". Wie bereits an der Fotografie verblüffte die Zeitgenossen auch an der Autotypie die „unnachahmliche Treue", also die detailgenaue Abbildung im Druck. Darüber hinaus erkannte man sofort, welche neuen Möglichkeiten sich für die mediale Verbreitung von Bildern auftaten. Bereits ein Jahr später, 1883, wurde die erste Gewerbe- und Industrieausstellung mit Abbildungen nach dem Autotypie-Verfahren dokumentiert: Es handelte sich um den Katalog der „Internationalen Electricitäts-Ausstellung" des Jahres 1882 in München.

Auch Topf & Söhne präsentierte seine Anlagen spätestens in den 1890er Jahren in Prospekten, Messekatalogen und Festschriften.[51] So nahm das Unternehmen 1909 in München, der heimlichen Hauptstadt des Bieres, an der großen Brauereinausstellung teil.[52]

Eine systematische Sichtung der offenbar doch zahlreich vorhandenen Firmenschriften, Drucksachen und Festschriften und ein Abgleich mit der vorhandenen Bildüberlieferung würde Aufschluss darüber geben, wie die historische und die jeweils aktuelle Fotografie Verwendung fand und welche Aufnahmen immer wieder veröffentlicht wurden und auf diese Weise den Rang von „Bildikonen" erlangten. Einen Überblick über die Überlieferung an Drucksachen für Topf & Söhne aus der Zeit vor 1945, für VEB NAGEMA und EMS nach 1945 und sogar für den privatisierten EMS nach 1990 gibt das Findbuch im Hauptstaatsarchiv Weimar. Darüber hinaus finden sich einige Festschriften, die aus besonderem Anlass herausgegeben worden sind, darunter:

☐ Festzeitung 1902 anlässlich der Hochzeitsfeier für Else und Ludwig Topf

☐ Fest-Zeitung zur 25jährigen Jubiläumsfeier der Firma Topf & Söhne, 1903

☐ „Zum 60. Firmenjubiläum, 1938." (Broschüre)

☐ „Bierzeitung" zum 60. Firmenjubiläum, 1938.

Länger als es technisch nötig gewesen wäre, griff man für Briefköpfe und Werbematerial auf Zeichnungen nach fotografischen Vorlagen zurück. Dieses Verfahren war allgemein gängige Praxis, wenn es darum ging, die Bildkomposition mit dramatischen Effekten anzureichern, die mit den Mitteln der Retusche, des Aufhellens bzw. Abdunkelns nicht erzielt werden konnten, oder wenn industrielle Areale von Übergröße dargestellt werden sollten, die selbst mit einem Weitwinkelobjektiv nicht optimal abzubilden waren.

Eine signifikante Häufung dieser eigentlich unzeitgemäßen Illustrationstechnik findet sich nicht zufällig in den 1930er Jahren. Die „reine" Zeichnung, die ihr Objekt aller zufälligen oder störenden Elemente entkleidete, kam den Repräsentationsbedürfnissen einer Industrie entgegen, die ein heroisches Bild ihrer selbst pflegte und die sich nur allzu gerne in der Ästhetik einer gemäßigten Moderne zeigte. Und sie entsprach zugleich den ästhetischen Ansprüchen des Nationalsozialismus, was die Visualisierung von Architektur, Industrie und Infrastrukturen angeht. Einmal mehr wird deutlich, dass die Traditionen des neuen Sehens und der neuen Sachlichkeit nach 1933 mitnichten abgeschnitten worden waren. Einzelne Elemente fanden durchaus ihren Platz in der gezähmten Moderne des Dritten Reiches.[53]

Insbesondere Siloanlagen waren für eine manieristische Streckung, eine Überhöhung und Dramatisierung mit grafischen Mitteln besonders gut geeignet. Unter der Signatur 277, ab Nr. 18ff. ist eine ganze Serie von Zeichnungen abgelegt, die nach fotografischen Vorlagen von den Zeichnern bei Topf & Söhne gefertigt worden waren. Darunter findet sich mit dem Datum vom 22. März 1935 die Großanlage in Braake und aus derselben Serie, ebenfalls von 1935, ein futuristisch anmutender Silo der Bergbrauerei in Leimen. Sie stehen neben diversen Silos, auf dessen Türmen vor dramatisch umwölktem Himmel die Hakenkreuzfahne weht: Dabei rufen einige Siloanlagen Assoziationen eines Ozeanriesen hervor: so der Silo der Firma Egermann & Co (Nr. 20) oder der unbekannte Silo (Nr. 30). Die Zeichnung des Silos von C.B. Michael, Hamburg lässt die Bildtiefe dreifach gestaffelt erscheinen: im Vordergrund wird ein Lastkahn entladen, dahinter liegt ein größeres Frachtschiff vor Anker. Im Zentrum steht das mächtige Silogebäude, und dahinter braut sich am Himmel buchstäblich etwas zusammen. (Nr.. 21)

Das Medium der Zeichnung war ganz offensichtlich so beliebt und bei den Kunden gut eingeführt, dass auch das Nachfolge-Unternehmen

VEB Nagema Maschinenfabrik, Erfurt zwischen 1948 und 1951 darauf zurückgriff. Vom Zeichner der unbekannten Siloanlage (Nr. 32) kennen wir nur die Initialen: JH.

Das Logo als Corporate Design

In der Industrie gelangte im 19. Jahrhundert eine neue Form der Auftragskunst zur Blüte: die Gebrauchsgrafik. Die Meister der angewandten Kunst schufen Logos, Bild- und Warenzeichen, Symbole und Piktogramme. Sie hatte ihren festen Platz auf Produkten und Verpackungen, auf Briefköpfen und Rechnungen, in den Firmenschriften, Katalogen, Broschüren, auf Werbeplakaten und selbst im Unternehmensarchiv – als Stempel oder Blindstempel zur Kennzeichnung der Werksfotos. Bildliche Darstellungen auf Geschäftsdrucksachen verkörperten das Selbstverständnis des Unternehmens und den Willen zur Repräsentation. Stilisierte Werksansichten präsentieren den Geschäftspartnern und Kunden eine Schaufassade. Fleiß und Erfolg feiern als Allegorien die „Industria", die alte Tugend der Betriebsamkeit. Gelegentlich ragt das Produkt überlebensgroß neben dem Betrieb in den Himmel.[54]

Die Entwicklung der Geschäftsdrucksache war eng mit dem Wandel der Drucktechnik verbunden. Bereits um 1820 ermöglichte die Lithographie eine freie bildliche Gestaltung der Briefbögen. Die Verbreitung der Fotografie seit 1860 änderte daran zunächst nur wenig, weil die Idealisierung und Inszenierung der Industriearchitektur im Medium der Zeichnung einfacher und wirkungsvoller umzusetzen war. Werksansichten in Fotos dienten zunächst eher als Vorlagen. Die Ästhetik des Neuen Sehens und die Möglichkeiten der Fotomontage eröffneten jedoch neue Möglichkeiten.

Hinzu trat das Firmenlogo. Es hat stets zwei Funktionen. Nach außen wirkt es wie ein Aushängeschild. Das Logo ist die Visitenkarte des Unternehmens. Sobald es nicht nur die Geschäftspost und die Werbung ziert, sondern auch alle Produkte kennzeichnet, sorgt das visuelle Zeichen, Symbol oder Piktogramm für ein schlagartiges, unmittelbares (Wieder-)Erkennen der Marke. Sofort setzt der Betrachter die Produkte mit dem Unternehmen in Verbindung.

Doch ein wirkungsvolles Firmenlogo entfaltet auch eine starke Binnenwirkung. Es trägt zur Festigung der Corporate Identity im Unternehmen bei – von den Arbeitern bis zu den leitenden Angestellten und zum Firmenchef. So staffierte die 1880 in Leipzig gegründete Kammgarnspinnerei Stöhr & Co das werkseigene Musik-Corps, den Werkschutz und die Feuerwehr mit einheitlichen Uniformen aus, die das Logo des Textilunternehmens „K S St C^{o}" als Applikation trugen. Und der Firmengründer Eduard Stöhr ließ vom Fotografen Gruppenbilder fürs Fotoalbum anfertigen. Selbst in die Blumenrabatten vor dem Werksgebäude war das Firmensignet als Ausweis gehobener Gartenbau-Kunst eingeschrieben worden.[55] Ähnliches kennt man auch von der AEG.[56]

1899, in dem Jahr, als Topf & Söhne sich nicht mehr ausschließlich auf die Entwicklung und Projektierung beschränkte, sondern auch die

Produktion von Feuerungsanlagen übernahm, ließ die Firma ein Logo als Warenzeichen eintragen. Darin formte der Name des Firmengründers einen Topf. Im selben Jahr wurde zur Kennzeichnung der Produkte auch ein Emailleschild mit diesem Logo entwickelt.

Abb. 4 Emailleschild, o.D.   Abb. 5 Werbemarke, 1928

Das Signet findet sich fortan als Briefkopf der Geschäftspost. Auch in der Außenwerbung – in Broschüren und auf Plakaten –, hat das Logo bald seinen festen Platz. Über die Zeit existierten jedoch Varianten der idealtypischen Form. Um die Jahrhundertwende waren Schrifttypen und Formate des Logos stark an die Ästhetik des Jugendstils angelehnt. In den 1920er Jahren verzichtete man in den Werbebroschüren interessanterweise gelegentlich auf das Signet und begnügte sich mit einem neu-sachlichen Schriftzug, der ausschließlich in Versalien gestaltet war, um in den 1930er Jahren zum alten „Topf"-Logo zurückzukehren, das im Format nun quadratisch wurde. Gelegentlich wurde der Firmenname in dieser Zeit jedoch auch in Fraktur gedruckt.

In Form eines Stempels „Topf [Logo] Werkfoto Topf" wurde über den gesamten Zeitraum die werkseigene Fotografie im Archiv gekennzeichnet. Sie war damit von Fremdfotos der eigenen Anlagen bei den Kunden sofort zu unterscheiden.

5. Das Werk und seine Betriebe

Abb. 6 Werbung aus dem Jahr 1935.

Die bevorzugte Darstellungsperspektive einer Gesamtschau des Unternehmens war von jeher nicht die Frontale und Zentralperspektive, sondern vielmehr die Diagonale und die leichte Untersicht oder das Luftbild aus der Vogelperspektive. „Über Eck", von unten oder von sehr weit oben blickten Fotograf und Betrachter auf die Betriebe oder auf das gesamte Betriebsgelände. In einem Erfurter Stadtführer aus dem Jahr 1935 schaltete das Unternehmen eine Werbeanzeige, die das

Unternehmen Topf & Söhne in einer solchen Gesamtschau als Luftbild präsentierte. Die Montage aus Stadtfotografie, Zeichnung und Grafik suggeriert Topf & Söhne ist Erfurt und Erfurt ist Topf & Söhne! Die Stadt selbst ist nur schemenhaft zu erahnen. Allein das Werksgelände ist zeichnerisch hervorgehoben und präsentiert sich in starken Kontrasten. Darüber schwebt halbtransparent das Unternehmenslogo wie eine Erscheinung – eine Manifestation nebelhafter Präsenz.

Seit ihren Anfängen hatte die Werksfotografie im engeren Sinne ihren Zweck darin, Ist- Zustände und den Stand der Technik zu dokumentieren. Stets ging es um eine visuelle Bestandsaufnahme des Bestehenden: Betriebe, Produktionsanlagen und Maschinen. In Unternehmen mit ausgeprägtem Traditionsbewusstsein galt das Interesse auch der Dokumentation älterer Werksgebäude und -anlagen vor ihrem Abriss. Vergleichbar der typologisierenden Industriefotografie, wie sie von Bernd und Hilla Becher realisiert wurde, hatte die unternehmenseigene Belegfotografie ihren Zweck in der „Bewahrung der Objekte im fotografischen Bild".[57]

Die Auftragsfotografie im Dienst der Industrie konzentrierte sich darüber hinaus stets auf die fotografische Darstellbarkeit technischer Systeme und Funktionen. Daher stehen Fertigungs- und Steuerungsapparaturen, Kessel, Zu- und Ableitungen, Generatoren, Turbinen oder Teile solcher Anlagen meist bildfüllend im Vordergrund. Automatisierte oder halbautomatisierte Produktionsschritte werden folgerichtig unbelebt – das heißt ohne technisches Personal – abgebildet.

Für die Werksfotos von Topf & Söhne ist kennzeichnend nicht so sehr die in hohem Maße hierarchisch gegliederte - oder umgekehrt die überhaupt nicht geordnete - Raumsituation riesiger Werkshallen oder Großraumbüros, die für die Beschäftigten ein eigenständiges Regelsystem darstellt, in das sie sich einfügen (müssen). Vielmehr ist es der unbelebte Produktionsablauf. Nichts lenkt von der vakuumartigen Leere des Bildes ab.

Nur wenige Ausnahmen weichen von dieser Regel ab, wie etwa die Fotos aus dem Konstruktionsbüro und den Zeichensälen oder einige Aufnahmen aus der Klempnerei und Schlosserei.

Wir haben es also vor allem mit einer unbelebten Industriefotografie zu tun. Sie präsentiert die Formen industrieller Arbeit der Menschen, ohne diese selbst sichtbar zu machen oder in Szene zu setzen. Nicht sie sind die Hauptdarsteller einer visuellen Soziologie industrieller Arbeit, sondern die Produktionsmittel und die architektonischen Wahrzeichen der Industrie – allen voran die Schornsteine, die unübersehbar alle Gebäude in ihrer Nähe überragen.

1943, der Status Quo

Im Jahr 1943 besteht das Unternehmen 65 Jahre. Der Firma geht es bestens. 1940 war das Verwaltungsgebäude umgebaut und erheblich erweitert worden. Zeitgleich erfolgte eine beträchtliche Vergrößerung der Produktionsbetriebe – beide Baumaßnahmen waren mit der Erfüllung des „Reichsspeicherprogramms" bzw. mit dem kriegswichtigen

Bau von Heeresspeichern begründet worden.[58] Im Sommer 1942 war man mit der SS ins Geschäft gekommen und lieferte die erste Krematoriumsanlage für den Massenbetrieb, einen Drei-Muffel-Ofen für das Konzentrationslager Buchenwald. An neuen Hochleistungsöfen für das Vernichtungslager Auschwitz Birkenau wurde unter Hochdruck gearbeitet. Die Fertigstellung der Krematorien II, III, IV und V erfolgte ab 15. Februar 1943. Die erste Anlage wurde am 3. März 1943 in Betrieb genommen.

Doch das 65jährige Bestehen eines Unternehmens ist gemeinhin kein „rundes" Firmenjubiläum, das – noch dazu mitten im Krieg - in aufwändigen Festschriften mit Pomp begangen und öffentlich kommuniziert würde, eher eine Zahl, die allenfalls Anlass für die große interne Betriebsfeier sein konnte. Dazu brauchte man keine fotografische Dokumentation, die ganz aktuell die Büros und verschiedene Abteilungen des Unternehmens zeigte. Und doch gibt es eine solche Bilderfolge.

Unter der Signatur 289 finden sich 86 Aufnahmen des Werkes. 81 Bilder sind auf den 27. Februar 1943 zu datieren. Fünf weitere Fotos vom 22. April 1936 sind dem Konvolut hinzugefügt, vermutlich aus Gründen formaler Ähnlichkeit des Bildformats und was den Standort des Fotografen angeht.[59] In unmittelbarem Zusammenhang mit dieser Fotodokumentation ist wohl das Organigramm der Firma Topf & Söhne zu betrachten, das auf den 22. Februar 1943 datiert ist. Ein Vergleich ergibt, dass die Bilddokumentation die Betriebsführung, die Geschäftsleitung, die allgemeine Verwaltung und ihre kaufmännischen Abteilungen, die technische Verwaltung und wenige Teilbereiche der technischen Abteilungen umfasst. Weitere Fotos der technischen Abteilungen und der Außenstellen sowie Aufnahmen aus der Betriebsabteilung, den Betrieben – der Fertigung wie auch der Abnahme - und aus der Montageabteilung fehlen.[60]

Über den unmittelbaren Anlass und die Motive der Unternehmensleitung für die visuelle Inventur des Jahres 1943 ist nichts bekannt. Hatte das Unternehmen beschlossen, am Wettbewerb der Deutschen Arbeitsfront (DAF) um die Auszeichnung „Nationalsozialistischer Musterbetrieb" (seit 1937) oder „Kriegsmusterbetrieb" (seit 1942) teilzunehmen? Und wurde aus diesem Grunde die Fotodokumentation angelegt? Ein starkes Augenmerk auf moderne technische Apparate und auf die Bedeutung der betrieblichen Sozialpolitik stützt diese Vermutung. Andererseits fehlt die belebte Perspektive des Betriebes, die für eine Bewerbung um die begehrte Auszeichnung der DAF im Frieden wie im Krieg von überragender Bedeutung war – mit einer bezeichnenden Verschiebung des Schwerpunktes: Denn während der „NS-Musterbetrieb" vor allem sozialpolitische Errungenschaften honorierte, wurde die Auszeichnung „Kriegsmusterbetrieb" für Betriebe mit hoher Produktion, erfolgreicher Rationalisierung, niedrigem Unfall- und Krankenstand, aber auch mit einem hohen Beschäftigungsanteil von Frauen und Jugendlichen verliehen.[61]

Doch möglicherweise hatte die Fotodokumentation einen ganz anderen Grund und der Beginn der alliierten Luftangriffe auf deutsche Städte seit 1942 hatte die Firmenleitung dazu bewogen, das Unternehmen fotografieren zu lassen? Sei es, um den Ist-Zustand für spätere

Rekonstruktionen festzuhalten, die nach Kriegszerstörungen gegebenenfalls hätten erforderlich werden können. Sei es, um eventuelle Restitutionsansprüche gegen die Alliierten mit einer Dokumentation der angerichteten Schäden wirkungsvoller belegen zu können. Für professionelle Fotografen war dies eine wichtige Einnahmequelle. Und auch unter Amateuren war das Fotografieren an der Heimatfront verbreitet. Auch ihnen ging es nicht allein um Erinnerungsfotos der Fronturlauber und ihrer Lieben, sondern auch um materielle Interessen. Hauseigentümer und Unternehmer dokumentierten ihre Besitztümer nicht nur im ruinierten Zustand, sondern vorsorglich bereits vor jeder Zerstörung. Die Fotografie variierte in unzähligen Bildern den Topos der „Wir hatten..."-Geschichten.[62]

Oder hatte die vernichtende militärische Niederlage der sechsten Armee in Stalingrad Anfang Februar 1943 bei den Unternehmern den Glauben an den Endsieg nachhaltig erschüttert? Und sie dokumentierten ihren Betrieb in Fotos, weil sie nüchtern einschätzten, das Dritte Reich würde eines nicht allzu fernen Tages besiegt werden und untergehen.

Im März 1942 hatte die britische Royal Air Force (RAF) mit Flächenbombardements aus Spreng- und Brandbomben begonnen. Erste Ziele waren Lübeck, Rostock, Köln, Hamburg und Berlin. Vor allem der sogenannte 1000-Bomberangriff auf Köln im Mai 1942 machte die Zerstörungskräfte des Luftkriegs überdeutlich. Luftangriffe auf Kassel und Leipzig im Oktober und Dezember 1943 sollten zudem beweisen, dass die Alliierten Bomber durchaus eine Reichweite hatten, um auch bis in den mitteldeutschen Raum vorzudringen. Die ersten Erfahrungen des Luftkriegs bewogen die NS-Führung schließlich im Mai 1943 dazu, nicht nur Zerstörungen fotografisch dokumentieren zu lassen – die freilich nicht mehr veröffentlicht werden sollten -, sondern historische Kulturgüter und Baudenkmäler im Zustand ihrer Unversehrtheit „durchfotografieren" zu lassen. „Die Kriegsführung ging selbstverständlich vom Substanzverlust aus und suchte das Heil der Nachkriegszeit in der Rekonstruktion von Objekten aufgrund ihrer technischen Reproduktion", pointierte Rolf Sachsse den „Führerauftrag zur Dokumentation wertvoller Wand- und Deckenmalereien in historischen Bauwerken".[63] Zur Jahreswende 1943/44 hatte der „Führerauftrag" zahlreiche lokale Dokumentations-Kampagnen in Gang gesetzt. Und eine Pressemitteilung des Propagandaministeriums vom März 1944 empfahl ihn der besonderen Beachtung. Es lässt sich leicht denken, dass Traditionsunternehmen im Krieg solchen Überlegungen folgten und ihre Betriebe ebenfalls fotografisch dokumentieren ließen.

Zwar musste Erfurt keine Flächenbombardements erleiden. Doch war die Stadt von insgesamt 27 Luftangriffen betroffen, bei denen 1.600 Menschen den Tod fanden. Der Schwerste zerstörte im November 1944 unter anderem die Barfüßer Kirche. Insgesamt war bei Kriegsende 17 Prozent des Wohnraumes in Erfurt zerstört – ein im Vergleich zu anderen Städten moderater Anteil. Die historische Stadt blieb weitgehend erhalten. Und auch die Betriebe von Topf & Söhne sollten am Ende von Kriegszerstörungen verschont bleiben.

Die Fotodokumentation, die in der Mehrzahl der Bilder auf den 27. Februar 1943 datiert werden kann, bildete in dieser Lesart die eine Seite einer „Vorher/Nachher-Fotografie" ab. Doch im Unterschied zu einer Gesamtdokumentation des Werkes weist die Mappe einige Besonderheiten auf: Die vorhandenen Aufnahmen der Signatur 289 konzentrieren sich auf die Verwaltung mit ihren Direktionsbüros und Schreibräumen, auf Zeichensäle und Konstruktionsbüros, auf die Versandabteilung und ihre Unterabteilungen, auf die Betriebsabrechnung und das Kleinmateriallager, auf die Lehrlingswerkstatt, die Kaffee- und Teeküche, den Luftschutzraum, die Telefonzentrale, den „Gefolgschaftsraum", den Waschraum, die Lager für Fertigteile und das Versandlager. Fast alle Aufnahmen sind unbelebt – der Fotograf verrichtete seine Arbeit an einem Samstag. Die große Ausnahme bilden allein die Fotos der Zeichensäle und Konstruktionsbüros. Hier stehen die technischen Zeichner in ihren strahlend weißen Kitteln am Zeichenbrett. Und Ingenieure zeigen sich mit der Prüfung von Plänen und Texten beschäftigt.

Die eigentliche Produktion aber gerät in der erhalten gebliebenen Dokumentation des Jahres 1943 nicht ins Bild. Oder sie wurde nach 1945 vernichtet. Aufnahmen aus den Hallen der Fertigung und der Montage, aus der Klempnerei, Schmiede und Schlosserei fehlen ebenso wie Aufnahmen vom Barackenlager für die Zwangsarbeiter. Auch fällt auf, dass von den Büros und Abteilungen ausschließlich Innenaufnahmen überliefert sind. Die Fotodokumentation des Werkes zeigt den unversehrten Betrieb im 65. Jahr seines Bestehens (1943).[64]

Die Zeichensäle und das Konstruktionsbüro Speicherbau

Ganz offensichtlich hegte die Unternehmensleitung eine besondere Vorliebe für ihre Zeichensäle. Aus den unterschiedlichsten Perspektiven, belebt und unbelebt wurden die Zentralen technischer Kreativität fotografiert. Die Aufnahmen vermitteln die Anmutung aufgeräumter Effizienz und konzentrierten Expertentums. Konstruktionspläne und Zeichnungen sind in den zahlreichen Planschränken verstaut. Leitzordner stehen akkurat aufgereiht in den Wandregalen. Nichts liegt achtlos umher. Technische Angestellte und Ingenieure, die neuen Halbgötter in Weiß, ziehen einzelne Titel der Fachliteratur und handschriftliche Aufzeichnungen zu Rate. Andere benutzen eines der zahlreichen Telefone im Saal oder sind im Bildhintergrund in ein Gespräch vertieft. Konstrukteure stehen in makellos weißen Kitteln an Zeichentischen. Einige Räume wurden offensichtlich exakt aus der Perspektive aufgenommen, aus der die leitenden Ingenieure sie von ihrem Schreibtisch aus sahen, wie im Falle des nördlichen Zeichensaals im Verwaltungsgebäude, der vom Schreibtisch des Chefkonstrukteurs Kurt Prüfer aus fotografiert wurde.[65]

In penibel aufgeräumten Büros verrichten die technischen Angestellten und Ingenieure eine saubere Arbeit. Die Bilder suggerieren: Ihr Expertentum leistet einen wertvollen Beitrag zum technischen Fortschritt im Brauwesen, im Speicherbau und im Verbrennungswesen.

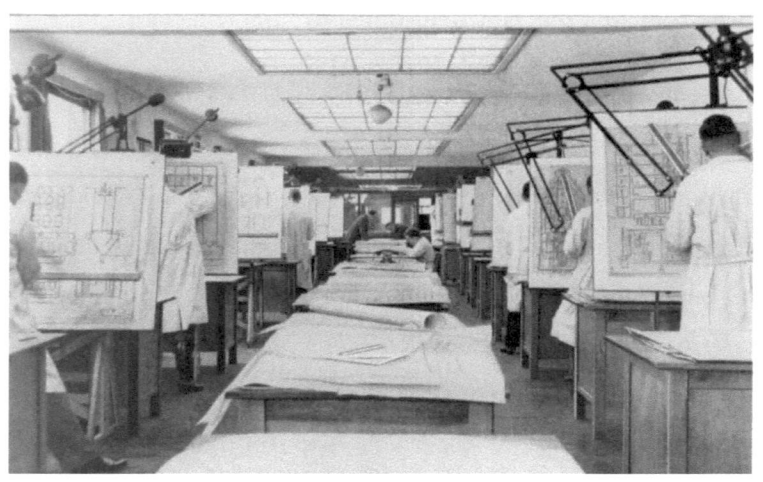

Abb. . 7 Konstruktionsbüro Speicherbau, 1943. HStA Weimar, Sign. 289, unpaginiert.

Konzentriert findet sich der Kern ihrer Tätigkeit in dem Foto vom Konstruktionsbüro Speicherbau. Die Zentralperspektive der Aufnahme vermittelt die starke Botschaft repräsentativer Eindeutigkeit. Die Bildaussage ist unmissverständlich: wir befinden uns in einem der Herzkammern des Unternehmens. An den Zeichenbrettern werden die Projekte und Erfindungen Topf'scher Ingenieurkunst in technische Konstruktionspläne übersetzt. Alles ist Perspektive: die Tiefe des Saales, an deren Ende eine Tür zu erkennen ist; die Anordnung der Zeichentische, einer hinter dem anderen in zwei Reihen; auf der Mittelachse des Fotos die Ablagen für allerlei Baupläne und Entwürfe; die sich verjüngende Fensterfront links; und schließlich die kassettenförmigen Oberlichte in der Decke.

Zugleich hat das Bild etwas ungewollt Kafkaeskes, das den Willen zur Repräsentation unterläuft: Der Saal wirkt wegen seiner niedrigen Decke wie gestaucht. Wohin letztlich die Tür am Ende dieses Raumes führt, bleibt ungewiss. Die zeichnenden Ingenieure in ihren uniformhaften weißen Kitteln kehren dem Fotografen und Betrachter, wie bei diesem Sujet üblich, den Rücken. So hat es den Anschein, als blickte der Betrachter ihnen heimlich über die Schulter.

Das Foto hat die bewegte Geschichte des Unternehmens überlebt. Vermutlich ist dies der Tatsache geschuldet, dass der Speicherbau, also die Konstruktion von Siloanlagen seit jeher zum Kerngeschäft des Unternehmens gehört hatte und dass diese Form des politisch unverfänglichen Expertentums bereits unmittelbar nach 1945 anschlussfähig war. Bereits in Topf & Söhnes erstem Katalog (1946) wurde es erneut veröffentlicht. In der Dauerausstellung des Erinnerungsortes „Topf & Söhne. Die Ofenbauer von Auschwitz" und in der Internationalen Wanderausstellung, die seit einigen Jahren auf Reisen geht, nimmt es einen prominenten Platz ein. Es legt nahe, der Besucher sehe den Ingenieuren des Todes über die Schulter.

Büros und Schreibstuben

Anders als die Firmenbüros von heute, die voller persönlicher Dinge, Pflanzen, Familienfotos, Büro-Nippes und Wandschmuck sind, tritt uns in den Fotografien Topf & Söhnes eine Bürowelt entgegen, die in ihrer kargen Nüchternheit die Anmutung von Amtsstuben hat. Dennoch bezeugen die Aufnahmen, dass wir uns in ganz individuell möblierten Büros befinden, die zudem von den feinen Unterschieden der

Mitarbeiter in der Unternehmenshierarchie künden. Clubsessel diverser Ausführung aus Leder oder mit Stoffbezug stehen für den Besucher bereit. Das Telefon signalisiert Bedeutung. Doch zwei Telefone auf dem Schreibtisch stehen zu haben, signalisiert doppelte Bedeutung. (Nr. 10) Aus Gründen der Zweckmäßigkeit findet sich da und dort eine Karte des Deutschen Reiches an der Wand. (Nr. 12, 20, 24). Die Vermutung liegt nahe, dass es sich im weitesten Sinne um Büros handelt, die mit Fragen des Versandes zu tun hatten.

Um die Kargheit des Raumes etwas aufzulockern, hat ein Mitarbeiter zu Dekorationszwecken die Verpackung oder das Werbeschild der Rechenmaschine unter dem Fenster aufgestellt. „Brunsviga", das „Gehirn von „Stahl", war die führende Marke unter den mechanischen Rechenmaschinen, die seit 1901 von Grimme, Natalis & Co in Braunschweig produziert wurden. (Nr. 12) Offensichtlich gehörte auch Topf & Söhne zu seinen Kunden.

Nur in einzelnen Schreibstuben hat man der Natur eine Chance gegeben. (Nr. 8). Neben einer leeren Blumenvase stehen in akkurater Reihe drei kümmerliche Topfpflanzen eingerahmt von einem Vorhang, dessen florales Muster eher zu einem Wohnzimmer passen würde. Auf dem Tisch in Fensternähe liegen Metallschienen, die zu einer Hängeregistratur gehören mögen. Der niedrigere Tisch im Vordergrund ist der eigentliche Schreibplatz: hier steht die schwerfällige Schreibmaschine, daneben sind zwei Stenoblocks aufgeschlagen. Als Bürozimmer kann dieser Raum nur schwer bezeichnet werden. Vielmehr handelt es sich um ein durch Holz- und Glaswände abgeteiltes, halboffenes Abteil eines viel größeren Raumes. Der Betrachter kann erkennen, dass alle Fenster dieselben Vorhänge haben, denn die angrenzenden Büro-Waben links und rechts sind im Bild angeschnitten. Die Trennwände in Leichtbauweise verleihen den Büroräumen die Anmutung amerikanischer Verhältnisse. Als handelte es sich um eine frühe Form des Großraumbüros. In dieser Unternehmenszentrale wird kein Platz verschwendet. Kompakt und konzentriert sind die Büros untergebracht. Erst 1939/40 war das Verwaltungsgebäude und seine Abteilungen umgebaut und vergrößert worden. Doch es wirkt auf den Bildern des Jahres 1943 bereits schon wieder beengt.

Warteraum

Anders als die dunklen Büros der leitenden Angestellten mit ihren schweren Möbeln wirkt der Wartebereich für Kunden und Besucher deutlich luftiger und leichter. Der Blick fällt in die Ecke eines Raumes, dessen Funktion nicht eindeutig definiert ist. Zwei Sessel mit Korbgeflecht, ein quadratischer Couchtisch und eine Stehlampe mit marmoriertem Schirmmuster, über Eck platziert auf einem großgemusterten Orientteppich, simulieren zweckmäßig karge Wohnlichkeit ohne jeden Zierrat. Rechts und links der Sitzecke sind ein niedriger Blumentisch und ein grober Holzstuhl platziert, die der Fotograf im Bild lediglich angeschnitten hat. An den Wänden hängen in Augenhöhe gerahmte Fotografien. Sie zeigen die Produkte des Hauses, Silos und Mälzereianlagen, aufgenommen bei den Kunden, darunter auch die Ansicht des

Topf'schen Silos im Hamburger Hafen des Fotografen Walter Danz. Als Einzelaufnahmen mehrfach reproduziert, sind die Fotografien hier thematisch zu Dreier- und Zweierserien arrangiert. Blickte der Wartende nach oben, würde er des umlaufenden Oberlichtes gewahr werden, die ins Innere des Gebäudes ausgerichtet sind. Sie zeigen an, dass auch dieser Raum kein Zimmer, sondern lediglich ein durch Trennwände abgeteilter Bereich einer größeren Werkshalle ist. Dem Betrachter des Fotos bietet sich eine eher spröde Kulisse dieser Wartezone, die man in ihrer Schmucklosigkeit fast schäbig nennen könnte.

Abb. 8 Warteraum, Mai 1943. HStA Weimar, Sign. 289, Nr. 16.

Gruß aus der Küche

Mitten im Raum steht die große Herdinstallation, dessen umlaufende Messingstange für den Betrachter gerade noch zu sehen ist. Darüber ist ein Dunstabzug von beachtlichen Ausmaßen angebracht, an dem ein Gitterboden befestigt ist. Daran hängen eine riesige Kelle und eine Schöpfkelle. Die Wand rechts ist gekachelt, in der Ecke ein Schränkchen, davor ein Holztisch, darauf Töpfe, eine Vorratsdose, ein achtlos abgelegtes Leinentuch, davor ein einfacher Stuhl aus Holz. An Haken etliche Küchenutensilien, Messbecher, Flaschenreiniger, Siebe, Schneebesen, ein Handtuchhalter nebst Geschirrtuch, darunter ein einfacher Spülstein.

Auf dem Herd stehen allerlei Töpfe, Filter und ein überdimensionaler Getränkespender aus emailliertem Zink, der über einen Zapfhahn zu bedienen ist. Im Vordergrund aber auf einem Brett abgestellt sind etliche glänzend polierte Kaffee- und Teekannen in zwei unterschiedlichen Größen. In diesem Küchenambiente reiner Zweckmäßigkeit stechen die geputzten Kannen aus Chromagan oder Messing buchstäblich wie Glanzstücke hervor.

Abb. 9 Küche, Mai 1943. HStA Weimar, Sign. 289, Nr. 4.

Dass man nicht vor der Küche eines Privathaushaltes steht, ist sofort deutlich. Die Zahl der 16 Kannen liegt weit über der durchschnittlichen Ausstattung einer privaten Küche, und die Größe der Behältnisse, der Filter und Küchenutensilien deutet ebenfalls auf andere Dimensionen der Versorgung hin. Der Blick aus den geöffneten Fenstern sagt dem Betrachter, dass er sich in einer oberen Etage befindet. Da die Werksküche bei Topf & Söhne stets im Erdgeschoss lag und da hier augenscheinlich keine Mahlzeiten zubereitet wurden, muss es sich also um eine andere Räumlichkeit handeln. Das Foto (Nr. 4) liefert wohl das nüchterne Porträt einer Kaffee- und Teeküche im Verwaltungsgebäude. Hier wurden die heißen Getränke für die leitenden Mitarbeiter und eventuell auch für Geschäftskunden zubereitet.

Der „Gefolgschaftsraum"

Zahlreiche Unternehmen richteten auf Betreiben der DAF und ihres Amtes „Schönheit der Arbeit" in den 1930er Jahren einen Raum für ihre Mitarbeiter ein. Der „Gefolgschaftsraum" konnte vieles sein: das Büro des Vertrauensmanns der DAF, der Pausenraum neben der Kaffee- oder Teeküche, die provisorisch abgetrennte Leseecke im Magazin oder in der Werkhalle, wo die Belegschaft in der Frühstücks- oder Mittagspause den *Stürmer* und den *Völkischen Beobachter* lesen konnte, oder ein separater Aufenthaltsraum. Gelegentlich handelte es sich aber einfach nur um die alte Werkskantine, die unter einem neuen Namen firmierte. Gefolgschaftsräume konnten sehr unterschiedlich aussehen: geschmückt wie Festsäle, karg wie der Warteraum eines Bahnhofs oder schmucklos, ärmlich - aber sauber - und mit knittrigen Tischdecken auf den Holztischen.

Der Gefolgschaftsraum bei „Topf & Söhne" erinnert eher an eine Art kombiniertes Betriebsratsbüro mit Werksbibliothek. Im Bücherschrank finden sich allerlei Leitzordner, deren Inhalt nach Buchstaben geordnet abgelegt wurde, ferner eine Sammlung von Gesetzestexten und anderen Büchern und schließlich eine große Anzahl von Mappen. Auf dem verschließbaren Rollladenschrank steht das unvermeidliche Blumensträußchen, an der Wand hängt die Deutschlandkarte. Die Schrift auf der Glastür weist alle darauf hin, dass es sich bei diesem Büro um den „Gefolgschaftsraum" handelt. Auch den Mitarbeitern des VEB EMS blieb ihr „Gefolgschaftsraum" erhalten. Offenbar war er an derselben Stelle untergebracht wie bereits sein Vorläufer.

Hygiene im Betrieb

Zu den wohlfeilen Forderungen der DAF gehörte die nach mehr Hygiene am Arbeitsplatz. Doch Waschräume zählten bereits vor 1933 zu den Errungenschaften betrieblicher Sozialpolitik. Während die Waschgelegenheiten für Arbeiter um die Jahrhundertwende – ähnlich wie die in den neuen Jugendherbergen, in Heimen und Gefängnissen eher in langen Reihen angeordnet waren, kam spätestens in den 1930er Jahren eine neue Form auf. Riesige kreisrunde Becken aus emailliertem Zink oder aus Stein nahmen das Wasser auf, das mindestens zehn Wasserhähne gleichzeitig spendeten. Sie waren einem Springbrunnen ähnlich auf einer Mittelsäule in Schulterhöhe angebracht.

Die großen Waschbecken, die an Brunnenschalen erinnern, waren Teil der KZ-Architektur des Dritten Reiches, aber auch der deutschen Industrie bis in die 1950er Jahre hinein. So gab es im Konzentrationslager Sachsenhausen einen solchen Waschraum, der freilich nur zwei Stehbrunnen für 4.000 Häftlinge bereithielt. Ganz ähnlich wurde noch 1950 der Waschraum für Männer in der Spinnerei des Textilwerkes Bocholt angelegt.

In der Bildüberlieferung der Industrie wurde die sakrale Inszenierung hygienischer Arbeitsverhältnisse im Sinnbild des gemeinschaftlichen Waschraums zu einem beliebten Motiv. Die Aufnahme des Waschraumes der Belegschaft der Gießerei der Friedrich-Wilhelms-Hütte in Mülheim zeigt uns einen Ort der Sauberkeit, des Wassers und des Lichtes. Hier ist alles glatt, gefliest, gekachelt, alles abwaschbar. Der gefliste Boden ist mit Abläufen versehen. Von oben dringt gleißendes

Tageslicht in den Raum. Die wuchtigen Heizköper sagen dem Betrachter, dass hier in der kühleren Jahreszeit gut geheizt werden kann. Der Blick fällt auf einen gestaffelten Raum von einiger Tiefe. Die Zentralperspektive ist leicht aus dem Fokus des Bildes gerutscht, aber dennoch dominierend. Rechts und links stehen die Stehbrunnen Spalier. Im hinteren Bereich befinden sich in strenger Symmetrie zwei Bänke, dahinter ein gekachelter Sichtschutz mit den Haken für die Handtücher. Im hintersten Bereich sind die Duschen.

Abb. 10 Waschraum, Mai 1943.. HStA Weimar, Sign. 289, Nr. 47.

Auch der Waschraum bei „Topf & Söhne" ist ganz im Stil der Zeit gestaltet. Der Fotograf hat sein Augenmerk auf die drei Stehbrunnen gerichtet, die in einem leeren, hohen Raum installiert sind. Zentral in Betrieb gesetzt, spendet die Mittelsäule das Wasser, das sich in die Becken aus Beton oder Stein ergießt. Der intensive Gebrauch hat auf dem Fußboden Wasserflecken hinterlassen. Oberhalb der Wasserkante hat man an der Wand des Waschraums eine Extraschicht Putz aufgelegt und diese mit einer wasserabweisenden Farbe behandelt. Zwei in Hüfthöhe an der zweiten Wand verlaufende Rohre sind mit Isoliermaterial ummantelt. Darüber gewährt überraschenderweise ein panoramaartiges Fenster ungewöhnliche Einblicke in einen Nebenraum und den doppeltürigen Zugang.

6. Die „Topfianer". Die Belegschaft im Bild

Arbeiter und Angestellte eines Unternehmens unterzogen sich aus den unterschiedlichsten Motiven - und nicht immer ganz freiwillig -, der Prozedur des Fotografiertwerdens. Firmenchefs ließen die Belegschaften ganzer Betriebe oder einzelner Abteilungen vollzählig ablichten, um einen Eindruck von der Zahl der Beschäftigten zu geben. Damit das Gruppenfoto zur Darstellung des Unternehmens werden konnte, mussten die Hierarchien unter den Abgebildeten deutlich werden. Gut sichtbar im Bild platziert waren auch charakteristische Arbeitsmittel und Werkzeuge, um die Art des Betriebes auf den ersten Blick erkennen zu lassen.

Doch auch andere Motive gaben den Ausschlag bei der Entscheidung für Belegschaftsaufnahmen. Hellsichtige Unternehmer wie Alfred Krupp spekulierten in den 1880er Jahren offen darauf, dass zwielichtige Elemente, Kriminelle und andere, die von der Polizei gesucht wurden, davor zurückschrecken würden, sich unter die rechtschaffene Belegschaft der Stammarbeiter zu mischen, wenn bekannt sei, dass alle Mitarbeiter fotografiert würden. Die Möglichkeiten der Kontrolle durch die Fotografie wurden in der Industrie schon früh erkannt, auch wenn der (kriminal-)polizeiliche Einsatz der Fotografie für die „Verbrecherkarteien" gerade erst begonnen hatte. Interessant an dieser Episode ist allerdings, dass man sich bereits von der bloßen Möglichkeit der Kontrolle eine abschreckende Wirkung versprach. Die späten

Nachfolger dieser frühen Praxis sind die Werksausweise für Betriebsangehörige.

Umgekehrt kamen aber zur selben Zeit die Fotoalben mit Belegschaftsporträts in Mode, die dem Unternehmer und Patriarchen zu besonderen Anlässen als Geschenk überreicht wurden. Mit ihren in Leinen oder Leder gebundenen Konterfeis bekundete die Gemeinschaft der Werksangehörigen ihre besondere Loyalität zum Brotherrn.

Von den Jubilaren hingegen wurden Einzelporträts angefertigt. Langjährige Werkszugehörigkeit belohnte man nicht nur durch Urkunden und Präsente, sondern auch damit, dass ein Foto in der Werkszeitung veröffentlicht wurde. Zu DDR-Zeiten wurden „verdiente" Mitarbeiter, Aktivisten oder Neuerer als „Beste des Monats" durch betriebsinternen Aushang ihrer Fotos belobigt.[66]

Das Belegschaftsalbum

Das Bildprogramm der Industrie war zu keiner Zeit auf die imponierende Werksansicht, auf die Zuschaustellung von Umfang und Prosperität des Unternehmens, auf die Vielfalt, Präzision und Qualität seiner Produkte, die Rationalität der Arbeitsorganisation oder auf die Fürsorge und Kontrolle der Belegschaften begrenzt. Auch nach innen sollte die Werksfotografie integrierend wirken. Berufsstolz konnte sich mit dem Stolz auf die eigene Firma verbinden. Das Versprechen des Mediums Fotografie bestand in der Stiftung von Zugehörigkeit zur großen Betriebsfamilie.

Auch im Bildbestand von Topf & Söhne gibt es ein solches Fotoalbum.[67] Es enthält 489 Porträts von Mitarbeitern. Eine erste Serie von Fotos stammt – nach Kleidung und Frisur zu urteilen – mutmaßlich aus der Zeit zwischen 1910 und 1930. Anzug, Weste, Taschenuhr an der Kette und der sogenannte „Vatermörder" ein Hemd, dessen Kragen nicht umgeschlagen wurde, sondern mit einem Stehkragen abschloss, dessen Kragenspitzen abstanden, sowie der typische Binder waren in der zeitgenössischen Herrenmode und auch in der Geschäftskleidung bei Topf & Söhne noch weit verbreitet. Erst in den 1930er Jahren sollte das Stehkragenhemd endgültig den Gesellschafts- und Abendanzügen vorbehalten sein. Auch trug von den Herren niemand ein Parteiabzeichen oder sonst eine Auszeichnung des zivilen Lebens, wie sie nach 1933 gang und gäbe wurden.

Die Mitarbeiterinnen präsentierten sich auf den frühen Fotos bevorzugt in großzügig geschnittenen Hemdkleidern oder Blusen mit schmalem Schalkragen oder im Sweater aus Feinstrick – ein Hinweis auf die Mode der Reformkleider des ersten Jahrzehnts. Zum unverkennbaren Signum der unverheirateten „Bürofräulein" bei Topf & Söhne wurde – wie andernorts in Deutschland nach 1920 –, der Bubikopf. Ausweislich der Moden und Frisuren ist ein Zeitraum der Aufnahmen in den 1920er Jahren wahrscheinlich. Einzelne Porträts könnten durchaus auch früher aufgenommen worden sein. Die Bildlegenden zu den Fotos beschränken sich durchweg auf die Namensnennung. Unter die Porträts wurden Papierausschnitte geklebt, auf denen die Namen im charakteristischen Blau einer mit Kohlepapier gefertigten Durchschrift erscheinen.

Eine zweite Serie von Brustbildern ist ganz offensichtlich später aufgenommen worden. Die Porträtierten zeigen eine Vorliebe für leger geschnittene Anzüge oder Norfolk-Jacken aus Tweedstoffen – jene Sportjacken, die ursprünglich für Golfspieler kreiert worden waren: aufgesetzte Ballontaschen, Kellerfalte im Rücken und eingearbeiteter Gurt sorgten für Bequemlichkeit und guten Sitz und verliehen dem Träger – in Kombination mit den knielangen „Knickerbocker-Hosen" ein sportlich-dynamisches Image, das offenbar bei technischen Angestellten geschätzt wurde. Die Weste – bislang der Liebling der Männermode -, verschwand vor allem bei den Jüngeren aus dem Büroalltag.

Die Frauenmode hatte sich inzwischen von den Hemdkleidern mit glatten Ärmeln verabschiedet. Sie war wieder stärker köperbetont. Dazu kam der Puffärmel zu Ehren, ein untrügliches Zeichen dafür, dass wir uns in den Jahren zwischen 1933 und 1945 befinden. Der allgemeine Modetrend schlug sich unverkennbar in den selbstgestrickten Eigenkreationen der Topf'schen Angestellten nieder. Den Kleidern ist die Mühe ums „adrett sein" trotz beschränkter Mittel anzumerken. Auch die Frisuren veränderten sich: Die Haare wurden wieder lang getragen. Locken, Wellen und Innenrollen oder Hochsteckfrisuren kennzeichneten die späten 1930er Jahre und die Kriegszeit.[68]

Die Porträtierten der Serie II haben sich einheitlich vor immer derselben Leinwand positioniert und wurden vermutlich von demselben Fotografen aufgenommen. Die Bildlegenden sind bis auf ganz wenige Ausnahmen „Originale". Sie geben Auskunft über Namen und Abteilung der Porträtierten oder im Falle der zahlreichen Lehrlinge über ihren Status als Auszubildende. Dabei folgt die Systematik der Betriebe mit minimalen Abweichungen weitgehend dem Organigramm des Unternehmens aus dem Jahr 1943. Die Beschriftungen konnten also erst zu einem Zeitpunkt vorgenommen worden sein, als die Abteilungen in dieser Form bereits bestanden. Das klingt banal, doch ein Vergleich mit einem älteren Organigramm des Unternehmens aus dem Jahr 1934 zeigt gravierende Unterschiede: 1934 ist die Organisationsstruktur deutlich schlanker. Das Unternehmen wirkt weniger diversifiziert und auch kleiner. 1943 dagegen befand sich das Unternehmen offensichtlich auf Erfolgskurs. Zu Beginn des Zweiten Weltkrieges war es besonders stark expandiert. Leider sind derzeit nur spärliche Informationen über die Entwicklung der Belegschaftszahlen verfügbar. Zudem geben sie nur über die Gesamtbelegschaft, nicht aber gesondert über die kaufmännischen und technischen Angestellten, die Ingenieure, Zeichner und Monteure Aufschluss.

Beschäftigte bei Topf & Söhne und Nachfolger 1903-1957

Jahr	Beschäftigte
1903	600
1939	1.150
1941	962 (incl. Fremdarbeiter/Kriegsgefangene)
Juli 1945	180
1957	800

Vermutlich wurde die zweite Serie um 1943 aufgenommen. Kriegsbedingt finden sich in Serie II viele sehr junge Leute und deutlich mehr Frauen als in Serie I. Etliche junge Männer tragen das rautenförmige

Abzeichen der Hitlerjugend – Heinz Beyer besitzt das Abzeichen sogar in Gold mit Eichenlaub. Harald Wohlfahrt ist (mutmaßlich) als Stammführer des Deutschen Jungvolks im schwarzen Winterdienstanzug vor die Kamera getreten.

Uniformträger aber sind die große Ausnahme. In Uniform präsentierten sich allein Walter Reinhardt, Mitarbeiter der Abteilung D IV, und Hermann Badziong, Mitarbeiter der Abteilung D. Die Zuordnung fällt beim Schwarz Weiß-Foto schwer, doch es könnte sich um eine SS-Uniform handeln. Insgesamt ist der gesamte Habitus dieser Bildergalerie im Krieg aber betont zivil. Die Lehrlinge - fast noch Kinder, schauen bübisch in Richtung des Fotografen. Unverheiratete Fräulein und wenige Frauen, die als Büroangestellte ihr Auskommen bei Topf finden, genießen den Augenblick der Aufmerksamkeit durch den Fotografen. Ausweislich der Bildlegenden sind drei Mitarbeiterinnen in der „Gefolgschaftsabteilung", dem Betriebsrats-Ersatz in der NS-Zeit, tätig: Edith Brand, Annelies Kessler und Lisa Schröder.

Inge Popp, Reklame

Gisela Herrmann, Reklame

Abb. 11, Abb. 12 Inge Popp und Gisela Hermann, 1943. HStA Weimar, Sign. 252, Nr. 32-4 und 23-3 RS.

Auch die jungen Frauen aus der „Reklame" blicken in die Kamera. Der Werksfotograf ist indes leider nicht zu identifizieren.

Die Realität der Diktatur, die Entrechtung, Ausbeutung und Bespitzelung ist nur in Andeutungen präsent. Das Porträt Olga Kubas weist den Betrachter auf die Existenz eines Fremdarbeiterlagers für Franzosen auf dem Werksgelände hin. Denn Olga Kuba arbeitet der Bildlegende nach in der „Lagerküche" und ist gleichzeitig die französische Dolmetscherin.

Abb. 13 Olga Kuba, 1943. HStA Weimar, Sign. 252, Nr. 36-9.

Zahlreich ist mit sechs Mitarbeitern das Personal der „Sonderabteilung", deren Bezeichnung bei allen Bemühungen um eine euphemistische Camouflage nichts Gutes verheißt. Als Mitglieder der Sonderabteilung werden genannt: Ernst Böcking, Fritz Forberg, Karl Liebeskind, Gertrud Nagel, Leo Röder und (?) Liebkeit. Im Organigramm des Jahres 1943 ist diese Abteilung nicht aufgeführt, ebensowenig in der Übersicht von 1934.[69] Da sich auf diesen Porträts die regulären und goldenen NSDAP-Parteiabzeichen und sonstige Auszeichnungen häufen, kann in der „Sonderabteilung" eine parteinahe Verbindungsstelle zur Gestapo, zum Sicherheitsdienst (SD) oder zur SS vermutet werden. Eventuell denunzierte die Sonderabteilung Mitarbeiter und lieferte sie der Verhaftung aus. Obwohl dies in den Unternehmen klassischerweise zu den Aufgabe des „Abwehrbeauftragten" gehörte.

Beide Serien zeigen die Angestellten bei Topf &Söhne – vom kleinsten kaufmännischen und technischen Mitarbeiter bis zu den Betriebsleitern, den leitenden Ingenieuren, Monteuren und Prokuristen. Einige Mitarbeiter sind in beiden Serien vertreten, ein Hinweis auf langjährige Betriebszugehörigkeit. Ganz offensichtlich fehlen die Arbeiter aus den Produktionsbetrieben.

Am Ende franst die Dramaturgie des Albums aus. Wenige Namen wurden nachträglich mit einem Sterbekreuz versehen. Bei einzelnen Mitarbeitern ist auch das Todesdatum vermerkt worden: mehrfach für das Jahr 1944, aber auch für April 1949. Das Album wurde also über das Kriegsende hinaus „gepflegt" und zumindest sporadisch auf dem aktuellen Stand gehalten. Auch wurden einzelne Namen angekreuzt, als sei mit dem Album gearbeitet worden und als seien die Fotos irgendwann einmal nach einem bestimmten Kriterium gesichtet worden.

Zuletzt wurde überraschenderweise eine Serie von Aufnahmen aus den frühen 1950er Jahren eingefügt: Wir sehen einige Szenen aus der Produktion sowie zwei Fotos der Ehrenwache, die im März 1953 in der Werkskantine für den verstorbenen Stalin abgehalten wurde. Dann folgen weitere Porträts von Mitarbeitern im Stil der Serie II.

Was hat es mit diesem Album auf sich? Wann wurde es ursprünglich angelegt: nach 1910, in den 1920er Jahren, 1943, 1945, 1948 oder 1953? Handelt es sich um ein gewachsenes Fotoalbum, das mehrmals ergänzt wurde oder um eines, das überhaupt erst zu einem späteren Zeitpunkt zusammengestellt wurde und sein Material nachträglich nach Abteilungen ordnet und am Ende dramatisiert? Kann es sein, dass darin die ehemaligen Mitarbeiter vor 1933 und die Überlebenden und die Toten des Weltkriegs in ihren Fotos versammelt wurden? Erzählt das Album gar die Geschichte vom sozialistischen Neuanfang 1948 mit altbekannten Gesichtern? Erklärungsbedürftig blieben dann die Konterfeis der inzwischen Verstorbenen.

Dass man das Album erst in den frühen 1950er Jahren angelegt hatte – mit Fotos, die größtenteils aus dem Krieg stammen, ist eher unwahrscheinlich. Mehr spricht dafür, dass es sich um ein „gewachsenes" Fotoalbum handelt: Es könnte irgendwann in der Zwischenkriegszeit begonnen, 1943 stark erweitert und in den 1950er Jahren um einige Fotos ergänzt worden sein. Vielleicht wollte man im Frieden bei anhaltendem Papiermangel die leer gebliebenen Seiten im hinteren Teil nicht verschwenden.

Denkwürdigerweise beließ man aber bis auf ganz wenige Bilder, die eher zufällig fehlen, alle Aufnahmen im Album. Noch immer befinden sich die Porträts der Leitenden Angestellten und Mitglieder der Betriebsdirektion wie Kurt Prüfer, Fritz Sander, Karl Schultze, Gustav Braun und Max Machemehl, die 1946 von den Russen verhaftet, und als Kriegsverbrecher in der SBZ beziehungsweise in Moskau zur Rechenschaft gezogen worden waren, darin. Der Chefingenieur Kurt Prüfer (1891-1952) war Leiter der Abteilung D IV (Spezialofenbau) für Krematorien. Fritz Sander (1876-1946) gehörte der Betriebsleitung an und war Co-Leiter der Abteilung D I (Feuerungsbau, Schornsteinbau, Ofenbau). Karl Schultze (1900-unbekannt) war Leiter der Abteilung B Ventilationssysteme. Max Machemehl (1891-unbekannt) war Manager des Unternehmens und Verbindungsmann zur SS. Gustav Braun (1889-1958) war in den Jahren 1933 bis 1945 technischer Direktor bei Topf & Söhne. Willy Wimokli (1908-unbekant) war seit 1939 Buchhalter des Unternehmens. Auch die drei Facharbeiter und Kommunisten, die in Auschwitz die Ofentechnik installierten, sind im Porträt vertreten: Heinrich Messing (1902-unbekannt) baute die Ventilationstechnik in die Gaskammern ein und wurde hierfür im Jahr 1943 fünf Monate lange zur Arbeit in Birkenau freigestellt. Wilhelm Koch (1876-unbekannt) und Martin Holick (1874-unbekannt) waren Ofenbauer. Sie installierten die Öfen in Krematorium II von Auschwitz. Die unveränderte Anwesenheit der technischen Experten der Vernichtung im Fotoalbum der Belegschaft von Topf & Söhne folgte der Logik der „Betriebsgemeinschaft".

Abb. 14, Abb. 15 Porträts Kurt Prüfer und Fritz Sander, 1943. HStA Weimar, Sign. 252, Nr. 33-6 und 33-5.

Abb. 16, Abb. 17 Porträts Gustav Braun und Schultze, 1943. HStA Weimar, Sign. 252, Nr. 19-4 und 34-6 (Rückseite).

Die Bildergalerie der 489 Porträts, die aus mindestens zwei Phasen des Unternehmens stammen, und der politische Kontrapunkt einer Mahnwache und Totenfeier für Stalin können als Sinnbild der Kontinuität betrachtet werden - nach dem Bonmot Stalins aus dem Jahr 1945: Die Hitler kommen und gehen, das deutsche Volk aber bleibt bestehen.

7. Das Produkt zwischen Sachlichkeit und Inszenierung

Produkte ins Bild setzen

Was Albert Renger-Patzsch allgemein über die Fotografie sagte, machten sich Industrie- und Werksfotografen in besonderem Maße zu eigen. Sie verstanden die nüchterne Fotografie der Dinge in erster Linie als „exakte Wiedergabe der Form, als Inventarisierung und Schaffung von Dokumenten".[70]

Dabei kann das Genre der Produktfotografie definiert werden als Abbildung, für deren Entstehung ein Produkt ursächlich war. Ihre spätere Verwendung ist dafür zunächst unerheblich. Produktfotos können dokumentarische Aufnahmen von Erzeugnissen für den internen Gebrauch sein oder aber Ablichtungen gleicher Produkttypen zu Vergleichszwecken oder Bildmaterial für aufwendige Werbeaktionen.

Obwohl der nüchterne technische Blick des Ingenieurs dominiert, sind Produktfotos hintergründige Inszenierungsqualitäten eigen: So macht es einen Unterschied ob die Erzeugnisse des Unternehmens vor neutralem Hintergrund, etwa vor einer gespannten Leinwand oder theatralisch vor einem drapierten Vorhang abgelichtet werden, ob sie an „Originalschauplätzen" der Industrie - am Ort ihrer Herstellung, am Ort ihres Einsatzes oder auf Lagerplätzen und in Lagerhäusern fotografiert werden, wo sie fertig zur Auslieferung an den Kunden bereitstehen.

Doch Auftraggeber und Fotograf treffen weitere Entscheidungen von ikonografischer Bedeutung. Der Solitär von eindrucksvoller Größe etwa steht für das einzelne Werkstück. Die schiere Zahl eines Erzeugnisses versinnbildlicht den Produktionsausstoß des Unternehmens, also seine Kapazitäten und die Nachfrage nach seinen Produkten. Anlagen und Maschinen als Erzeugnisse „in Aktion" können als Ausweis von Leistungsfähigkeit, Zuverlässigkeit, Präzision, Güte und dergleichen mehr gelten. Und der Einsatzbereich, in dem ein Produkt zum Einsatz kommt, das auf dem Foto selbst unsichtbar bleibt, verweist auf seine unverzichtbare Bedeutung und hebt es über den reinen produktionstechnischen Zweck hinaus.

Menschen sind in der frühen Produktfotografie im allgemeinen nicht vorgesehen, oder nur, um als „menschliches Maß" die Größenverhältnisse zu verdeutlichen, um die Handhabung von Produkten, Maschinen oder Vorrichtungen zu veranschaulichen oder um zu demonstrieren, wie personalsparend das Produkt – etwa eine industrielle Anlage - betrieben wird.
Erst in der zweiten Hälfte des zwanzigsten Jahrhunderts wurden Menschen zur Inszenierung von Produkten eingesetzt. Seitdem es die auftragsgebundene Industrie- und Werksfotografie gibt, hat auch dieser Anwendungsbereich der Fotografie seinen Niederschlag in Handreichungen und Ratgebern zur optimalen Produktpräsentation gefunden.[71]

Die schiere Größe von Erzeugnissen, Produkten – von riesigen Werkstücken, kompletten Anlagen oder Teilen von Anlagen – stellte den

Fotografen stets vor eine anspruchsvolle Aufgabe. Die Lichtverhältnisse waren bei Innenaufnahmen in großen Werkshallen in der Regel ein Problem. Überlebensgroße Objekte in engen Räumlichkeiten erforderten besondere Weitwinkelobjektive. Um stürzende Linien zu vermeiden, bedurfte es einer Großformatkamera.

Der Silo

Die Produktfotografie bei Topf & Söhne konzentrierte sich in besonderem Maße auf Speicheranlagen und Silos. Ihrer monumentalen Inszenierung als Heroentat der Ingenieure gegen den Nimbus der „hohen" Architekten, als neue Kathedralen des technischen Zeitalters oder als Weltwunder der Moderne konnten die Fotografen zu keiner Zeit widerstehen – weder im Kaiserreich, noch in der Weimarer Republik und auch nicht im Dritten Reich. Bereits 1913 empfahl der Pionier des funktionalen Bauens, Walter Gropius seinen Architekten-Kollegen einen Blick auf die Silos in den USA - Silos, die in ihrer „monumentalen Gewalt des Eindrucks fast einen Vergleich mit den Bauten des alten Ägypten aushalten".[72] Erhaben in ihren Proportionen erschienen diese Anlagen auch im Bild: einige wirkten wie überdimensionierte Tempel, andere hatten die Anmutung riesiger Ozeandampfer, die gestrandet waren. Wo es sich weithin doch um die mehr oder weniger banale Nutzarchitektur handelte, die von handwerklich geschulten Baumeistern oder von Betriebsingenieuren nach den Erfordernissen der Arbeitsprozesse und Betriebsabläufe gestaltet worden war.

Die Lagerung von Getreide war von jeher das größte Problem nicht nur der Landwirtschaft, sondern auch des Handels und der weiterverarbeitenden Gewerbe und Industrie, wie zum Beispiel der Getreidemühlen, Großbäckereien und Brauereien. Bereits unmittelbar nach der Ernte musste das Getreide keimfrei und trocken eingelagert werden. Und das hatte es bis zu seinem Bestimmungsort auch zu bleiben. An allen Stationen dieses Weges waren daher besondere Speicher und Lagerhäuser, die Getreidesilos, nötig.

Das Erdgeschoss, die Behälterzone, die Galerie über den Behältern und der Turm bilden die vier Ebenen des Silos. Im Erdgeschoss werden Gewicht, Feuchtigkeit und Temperatur des Getreides gemessen. Von dort wird es mit Hilfe von pneumatischen Saugrohren, Becherwerken oder Schneckenförderern steil nach oben befördert. Im Turm befinden sich die Antriebsmotoren und Aggregate zur Reinigung, Trocknung und Entstaubung des Getreides. Die Galerie ist der Ort der waagrecht verlaufenden Förderbänder, über welche die Silobehälter von oben befüllt werden. Von hier wird das Getreide nach unten geschüttet. Um Staubexplosionen zu vermeiden, ist es unerlässlich, den dabei entstehenden Staub abzusaugen. Zur Entnahme genügt oft ein Schieber oder, wenn die Schwerkraft nicht ausreicht, um das Material zum Fließen zu bringen, eine Förderschnecke.

Anders als beim Schüttgut verfügen Speicheranlagen für Stückgüter über horizontale Etagen. Das Getreide wird dann in Säcken gelagert. Diese werden mit Hilfe von mechanischen Hebezeugen, Flaschenzügen und Kränen in den Speichern eingelagert.

Silos von Topf & Söhne und seinen Nachfolgern gehörten an vielen Orten der Welt zu den Wahrzeichen der Speicherung und des Umschlags von Schütt- und Stückgut aller Art. Alle Bauformen waren gebräuchlich: Rundsilos, Rechteck- oder Achtecksilos, ebenso wie Zellenanlagen. Sie wurden ganz nach den Erfordernissen des Auftraggebers in unterschiedlicher Höhe errichtet.

Topf & Söhne und Nachfolger ließ die von ihm geplanten und erbauten Siloanlagen zahlreich und wie es scheint mit besonderer Liebe dokumentieren. Manche Silos wirkten wie eindrucksvolle Hochhäuser, bei denen man vergessen hatte, in den unteren Etagen Fenster einzusetzen. Andere sahen aus wie Schiffe, die auf dem Trockendock angelegt hatten. Historistische Backsteinbauten waren mit neoklassizistischen Giebeln, Portalen oder Dachbekrönungen üppig verziert.

Die Silos, die seit 1900 in Anwendung kamen, standen dagegen für eine neuartige kühle Ästhetik des technischen Fortschritts, die auch in der fotografischen Dokumentation zum Ausdruck drängte. Schnell verbreiteten sich die Bauten aus Stahlbeton mit ihrer charakteristischen Zylinderform. Beton war ein idealer Baustoff, weil er sich gegen Schimmel und alle Arten von Schädlingen resistent erwies und sich als Baustoff für alle Klimazonen empfahl. Er brauchte kaum Pflege, war wasserdicht, feuersicher und langlebig. Letzteres konnte sich jedoch auch als Nachteil erweisen: Die Kathedralen für die Ewigkeit forderten einen erheblichen Aufwand für ihren Abriss. Nicht selten blieben sie deshalb als sprechende Ruinen glanzvollerer Zeiten erhalten, auch wenn die Umschlagplätze und Binnenhäfen ihre Bedeutung für den Güterverkehr längst verloren hatten.

Siloanlagen waren offensichtlich der ganze Stolz des Unternehmens. Zahlreiche Fotos aus unterschiedlichen Bauzeiten sind erhalten geblieben.[73] Fast durchweg sind die Anlagen und technische Einrichtungen erst nach ihrer Fertigstellung aufgenommen.[74]

Abb. 18 Bau eines Stahlsilos, Breslau, undatiert. HStA Weimar, Sign. 277, Nr. 5.

Deutlich seltener sind Aufnahmen überliefert, die den Bau beziehungsweise den Baufortgang eines Silos dokumentieren. Der Fotograf H. Stadler aus Breslau fotografierte den bereits fortgeschrittenen Bau eines Stahlsilos in unmittelbarer Nähe zur Lagerbierbrauerei C. Kipke, Breslau. Aus den gerade begonnenen Silozellen, die wie überdimensionale kreisrunde Wannen wirken, ragen die Markierungsstäbe hoch in die Luft. Die Anwesenheit der Bauarbeiter im Bild gibt eine Vorstellung von den Proportionen und Maßen der künftigen Anlage. Da das

Foto überbelichtet und daher etwas flau geriet, arbeitete ein Retuscheur nachträglich die Nähte der Silowände ins Negativ ein.

Als Dokumentation für den internen Gebrauch geben die Fotos Auskunft über die unterschiedlichsten Lösungen im Silobau, über Bautypen, die zu bestimmten Zeiten vorherrschten und eventuell über regionale Vorlieben für die Formensprache der Industriearchitektur in ländlichen Räumen, im industriellen Umfeld oder in Großstädten. Nicht zuletzt aber geben sie Aufschluss über die Potentiale der bislang realisierten Siloprojekte und über die Leistungsfähigkeit der kompletten Anlagen. Eine Bildserie vermerkt das Fassungsvermögen eines jeden Silos in Tonnen. Vermutlich dienten die Fotos auch als Vorlagen und Muster für potentielle Neukunden ganzer Siloanlagen oder technischer Einrichtungen und ihrer Nachrüstung.

Abb. 19 Siloanlage in Leeste, undatiert. HStA Weimar, Sign. 310, Nr. 1.

Kompakt und schlank erhebt sich die Siloanlage der Mühle Landwehr in Leeste in den grauen Himmel. Wie für die Fotografie von Industriearchitektur charakteristisch wählte der Fotograf die Über-Eck-Sicht. Die Untersicht lässt das Gebäude noch größer erscheinen. Vier Silozellen gruppieren sich um einen Turm, der wie zahllose Aussichtstürme seinen Abschluss in einer Plattform mit umlaufendem Geländer findet, von dem aus man den weiten Blick genießen könnte. In schönster Bauhaus-Manier schließt sich an der Frontseite eine runde Ecke an den Turm an - augenscheinlich der Treppenaufgang. In der linken Bildhälfte führt ein Ansaugrohr diagonal in große Höhe. Vom gleichen Bautyp ist der Silo in Wörpedorf. Der vierzellige Silobau, der auf einem älteren Sockelgebäude errichtet wurde, erlangt eine solche Höhe, dass der Fotograf bei der Aufnahme die stürzenden Linien nicht vermeiden kann.

Der achtzellige Silo der Firma Rommel in Bischleben hat bei doppelter Größe noch die Anmutung eines architektonischen Ensembles schlanker Röhren. Nur die niedrigen Nebengebäude links werfen Schatten auf den Turm und die vier Silozellen im hellen Sonnenlicht.

Abb. 20 Silo der Tivoli-Industriewerke, undatiert. HStA Weimar Sign. 310, Nr. 4.

Anders die Siloanlage der Tivoli-Industriewerke in Altona-Eidelstädt.

Direkt hinter dem Bahnsteig erhebt sich - sozusagen hinter dem Rücken der Fahrgäste, die auf ihren Zug warten - ein mächtiger Silo von zwölf Zellen. Es hat den Anschein, als habe der Silo sich die Werks- und Verwaltungsgebäude teilweise einverleibt oder überformt. Wie eine unergründliche Raumstation des Industriezeitalters sitzt er nun zwischen den Gebäudeteilen. Die Detailaufnahme, die sich ganz auf den Silo konzentriert, gab dem Retuscheur die Gelegenheit, sein Können zu demonstrieren. Er setzte Licht und Schatten und hellte den Silo insbesondere im unteren Bereich auf. Damit verlieh er dem Bau eine glänzende, beinahe stählern wirkende Oberfläche.

Massig und in sich hermetisch abgeschlossen dagegen mutet der Betonsilo für die Firma Max Buschner in Allstedt an, der 1935 unmittelbar neben den Bahngleisen errichtet wurde. Auch das Innenleben - die Abwurfstation mit den Drehrohrverteilern, die ganz oben im Dachgiebel untergebracht war -, wurde dokumentiert.

Auch vom mächtigen Stahlbetonsilo, das Topf & Söhne für die Firma J. Müller im zentralen Binnenhafen in Brake/Oldenburg errichtete, wurden Außen- und Innenaufnahmen gefertigt. Der Silo von zwölf Zellen fasste 8.550 Tonnen. Als bevorzugtes Fotomotiv wurde die Außenansicht von der Wasserseite her gewählt. Im Vordergrund zu sehen ist eine fahrbare Anlage auf Schienen, die mit Hilfe einer pneumatischen Saugleistung zum Löschen von Schiffsladungen diente. In sonntäglicher Aufgeräumtheit, vermutlich aber vor der ersten Inbetriebnahme überhaupt wurde der Bereich abgelichtet, wo das Schüttgut entnommen, gewogen und verpackt wurde: zu sehen sind die Siloausläufe, ein Teleskoprohr, ein Transportband und die automatische Waage.

Auch andernorts dokumentierte man die technischen Vorrichtungen im Inneren: Variationen von pneumatischen Transportanlagen auf den Galerien oder auf dem Rampenboden im Entnahmebereich der Silos -

die Trogkettenförderer, die Verteiler und die Fallrohre und die Schneckenförderer und die Einschütttrichter-, den Elevatorkopf, den Kessel zur Begasung des Getreides gegen Schädlinge, den Trockner, den Aspirateur und Variationen von Staubfiltern.

Abb. 21 Silobau für C.J. Kirchner, Fulda, undatiert. Fotograf: K. Mollenhauer, HStA Weimar, Sign. 277, Nr. 1.

Bei aller futuristisch anmutender Architektur für große Silos muten die älteren und kleineren Bautypen geradezu beschaulich an: Der Silo für das 1857 gegründete Fuldaer Traditionsunternehmen „C.J. Kirchner Ww. [Witwe]" ahmt mit seinem Giebeldach und den Fenstern noch ganz die Architektur für den Hausbau nach, wenn man von dem flacheren Anbau und der überdachten Verladerampe absieht. In diese Kategorie fallen auch die Siloanlagen in Techwitz, Woltersdorf, Küstrin oder Heudeber. Auch diese Industriearchitektur folgt einer Art von „Heimatstil". Eine dritte Kategorie von Siloanlagen im ländlichen Raum, wie das „Kornhaus Lehndorf" dagegen bezieht sich unverkennbar auf die historische Architektur vor 1900.

Offenbar unterschied das Unternehmen im Bereich der Produktfotografie zwischen einer namenlosen Gebrauchsfotografie und einer solchen zu Repräsentationszwecken. Denn das Konvolut enthält Fotos derselben Sujets in durchaus unterschiedlicher Qualität. Dabei handelte es sich im einen Fall um „namenlose" Fotos, im anderen um das „Autorenfoto" eines ortsansässigen Fotografen. So gibt es vom Silo der Fuldaer Firma C.J.Kirchner Ww. einige anonyme Aufnahmen aus zwei unterschiedlichen Perspektiven. Die deutlich professionellere Bildlösung jedoch fand der Fuldaer Hof-Photograph K. Mollenhauer. Ähnlich verhält es sich im Falle der Großanlage in Brake/Oldenburg.

Abb. 22 Stahlbetonsilo für J. Müller, Brake/Oldenburg, undatiert. Fotograf: J. Drossel. HStA Weimar, Sign. 277, Nr. 17.

Eine Aufnahme, die offensichtlich besonders häufig reproduziert und prominent im Wartebereich für Kunden präsentiert wurde, ist die einer Siloanlage der Firma Eggers, Wright & Co im Hamburger Hafen. Die Szenerie dieses trüben Tages ist menschenleer. Über dem Wasser hängt diesiger Nebel. Im Hintergrund haben weitere Lastkähne angelegt. In größerer Entfernung ist ein Gewirr von Kränen, Masten und Auslegern zu erahnen. Mit Hilfe eines pneumatischen Saugrohres wird ein Frachtkahn gerade entladen.

Abb. 23 Siloanlage der Firma Eggers, Wright & Co, Hamburg. undatiert. HStA Weimar, Sign. 310, Nr. 14.

Der Fotograf nahm die Szene aus unterschiedlichen Perspektiven auf: Vom leicht erhöhten Standpunkt auf dem Dach eines Schuppens aus, der parallel zur Wasserkante direkt am Kai steht, richtet sich die Aufmerksamkeit des Betrachters vor allem auf den Kahn und das Saugrohr. Vom Wasser aus hat der Fotograf die Lagerhäuser und den Lastkahn aufgenommen. Aus dieser Perspektive ist auch ein Arbeiter zu erkennen. In der Halbdistanz geraten die Front der Lagerhäuser und Silos und der große Frachtkahn im Vordergrund als moderne Vedute einer Hafenszene in den Blick. Erst in dieser Perspektive sind einige Arbeiter auf dem Kahn und an Land zu sehen.

Zu DDR-Zeiten sollte der Nachfolger von Topf & Söhne, EMS, zum Monopolisten für Siloanlagen im gesamten sozialistischen Lager werden.[75] Doch der Silobau war kostspielig, und in der kollektivierten Landwirtschaft herrschte Unterversorgung. Man war gezwungen, zu improvisieren und lagerte das geerntete Getreide behelfsmäßig auf Betonflächen oder mitunter sogar auf den Feldern. Auch Turnhallen wurden nach der Ernte gelegentlich zweckentfremdet.

Wegen der hohen Kosten wurde der Silobau zur Staatsangelegenheit. Dabei gab man zentralen Riesensilos den Vorzug gegenüber einer kleinteiligeren, dezentralen Infrastruktur. Zum Wahrzeichen der Mega-Silotechnologie in der DDR wurden die 80.000 Kilotonnen Silos in Schwerin und Erfurt-Marbach. Die Präsentation von Großsilos in der DDR und den Bruderländern in Fotos und Prospekten geriet zum Ausweis des sozialistischen Fortschritts. Die stolze „Tonnenmentalität" der vorangegangenen Jahrzehnte fand in der visuellen Dokumentation und Werbung der kollektivierten Großbetriebe ihre Fortsetzung.

Probelauf und sprechendes Detail

Bevor eine Siloanlage zum Kunden expediert wurde, baute man zumindest eine der Silozellen in den betriebseigenen Werkstätten für einen Probelauf auf und dokumentierte dies im Bild. Wichtige Teile der Anlage, wie die Aggregate, die zur portionsweisen Entladung des Schüttgutes und zur pneumatischen Be- und Entladung auf Schiffen benötigt wurden, lichtete man im Detail ab. Auch der gusseiserne Rohrabzweig mit einem gasdichten Absperrschieber wurde vor neutraler Leinwand fotografiert. Für Siloanlagen war die Qualität solcher Fertigungen entscheidend. Mängel in der Ausführung hätten die Staubdichte oder Gasdichte der gesamten Anlage gefährdet und somit Einfluss auf die Beschaffenheit des Silogutes gehabt. Da angeliefertes Getreide stets von Insekten, Käfern oder Mäusen befallen war, wurde die befüllte Silozelle mit einem Gas geflutet. Auch der hierzu benötigte Drehrohrverteiler gehörte zur Grundausstattung eines Silos, ob mit einem eckigen oder runden Auslauf, ebenso wie unterschiedliche Arten von gusseisernen Rohrschiebern zum Verschließen von Rohrleitungen.

Nicht alle Arbeitsgänge waren mechanisch oder halbautomatisch. Besonders im Falle der mobilen Kleinsilos wurde die Be- oder Entladung auch handgeleitet vorgenommen: hierzu wurden Rohre oder Schläuche an einem Handstück an die entsprechende Stelle geführt. Das Handstück konnte je nach Art des Silogutes mit unterschiedlichen Mundstücken verändert werden. Drei fahrbare Anlagen aus der Frühzeit der DDR - Wilhelm Pieck lässt mit Thälmann-Mütze an der Fensterfront im Hintergrund grüßen mit dem Satz „Von der Sowjetunion lernen heißt siegen lernen" - wurden mutmaßlich in der Montagehalle des VVB NAGEMA um 1950 fotografiert. Solche Anlagen wurden inklusive eines Dieselmotors auf einem LKW-Anhänger montiert und konnten - bei chronischer Siloknappheit - deshalb an vielen Orten eingesetzt werden. Möglicherweise stammt die gesamte Serie von Detailaufnahmen aus den frühen 1950er Jahren.

Abb. 24 Detail für Silo-Gebläse, undatiert. HStA Weimar, Sign. 310, Nr. 42 RS -1.

Ganz in der Tradition der frühen Produktfotografie vor 1900 wurden noch Dekaden später die technischen Vorrichtungen für Silos aufgenommen. Nichts sollte dabei den Blick des Betrachters ablenken. Vor neutraler Wand baute man die fabrikneuen Werkstücke auf groben Holzböcken auf. Die glänzend polierten Oberflächen des Lüfters mit Ablaufstutzen zeigten noch keinerlei Gebrauchsspuren. Ähnlich wie in der kriminalistischen Fotografie wurde das Objekt frontal in der Vorderansicht und im Halbprofil fotografiert, damit der Fachmann alle technischen Details identifizieren konnte. Allein das Profil fehlte. Die Gesamtaufnahme eines Gebläses in einem Belüftungssystem für Silos setzte auf das altbewährte menschliche Maß. Ein Arbeiter diente als Größenbeweis.

Abb. 25 Belüftungssystem für Silos, undatiert. HStA Weimar, Sign. 310, Nr. 42 RS – 2.

Manches spricht dafür, dass die Fotoserie von Vorrichtungen und Teilen, wie sie zum Silobau benötigt wurden, aus einer späteren Phase des Unternehmens stammen, als die Aufnahmen der Vorkriegszeit. Die Umgebung der fürs Bild arrangierten Produkte wirkt weniger aufgeräumt. Man ist augenscheinlich weniger auf Repräsentation bedacht, wie sie selbst den Dokumentationsfotos von Topf & Söhne noch zu eigen ist. Die hohen Bestandsnummern der Fotos jenseits der „7.000" sprechen zudem dafür, dass die Aufnahmen aus der Zeit nach 1945 stammen. Doch die Art und Weise, wie die Werkstücke ins Bild gesetzt wurden, folgte der altbekannten Methode, als die Industriefotografie noch in den Kinderschuhen steckte.

Mälzereianlagen

Im Bildbestand des Unternehmens zahlreich vertreten sind Aufnahmen aller Komponenten für den Betrieb von Mälzereianlagen und Brauereien, die weit über die charakteristischen und weithin sichtbaren Brauereiarchitekturen[76] der Silos, und Verladevorrichtungen und pneumatischen Förderanlagen hinausgehen. Sie führen den Betrachter gewissermaßen ins Innere der Bierindustrie. In diesem Geschäftsbereich beanspruchte Topf & Söhne wohl zu Recht Weltgeltung.

In einer Mälzerei wird aus Getreide Malz hergestellt. Ursprünglich war der Arbeitsprozess der Mälzung in den Brauereien selbst vorgenommen worden, bis die Mälzereien um die Jahrhundertwende mehr und mehr zu eigenständigen Unternehmen wurden.

Die Herstellung von Malz erfolgte in drei Arbeitsschritten. Am Anfang stand das Weichen des Getreides. Dabei wurde das Getreide, in der Regel die Gerste, innerhalb von zwei bis drei Tagen befeuchtet, bis der Wassergehalt bis zu 45 Prozent betrug. Dann folgte das Keimen. Die geweichte Gerste wurde in vier bis sieben Tage in Keimanlagen zum Keimen gebracht. Es entstanden im Korn Enzyme, und der Keimling bildete Blatt- und Wurzelkeime aus. Schließlich folgte das Darren. Dabei wurde das gekeimte Grünmalz auf der Darre getrocknet. Im Korn bildeten sich je nach Trocknungsmethoden unterschiedliche Farb- und Aromastoffe.

Abb. 26 Arbeiter mit einem Schieber für Schüttgut, dem sogenannten „Darresel" in der Malzfabrik Oswald Mummert, Carthause/Sachsen.. HStA Weimar, Sign. 255, Nr. 42.

Im Interesse größerer Kapazitäten entwickelte Topf & Söhne für das Keimen und Darren neue technische Verfahren. Denn das pneumatische Wenden der Keimlinge und des Grünmalzes in Kästen, Trommeln oder übereinander angeordneten Türmen und bald darauf in Keimstraßen mit Wende- und Förderanlagen war deutlich weniger zeitaufwendig, sparte Personal ein und erbrachte höhere Produktionsziffern auf dem gleichen Raum als die traditionelle manuelle Tennenmälzerei.[77]

Weitere Arbeitsprozesse waren die Be- und Entladung des Rohstoffes, die Putzmaschinen für Getreide, die diversen Rotationsgebläse mit Filtervorrichtungen, die Begasungsanlagen gegen Getreideschädlinge, der pneumatische Transport der trockenen und der geweichten Gerste, des Grünmalzes und des getrockneten Malzes und seine Verteilung mittels Trogkettenförderern mit Drehrohrverteilern, die Reinigungsmaschinen und die Feuerungsanlagen zur Trocknung des Korns.

Abb. 27 Malzboden mit Absaugstation. Undatiert. Malzfabrik Adelung & Hoffmann, Potsdam. HStA Weimar Sign. 255, Nr. 25.

Die Fotografien, welche die Prozesstechnologie des Mälzens dokumentieren, geben als visuelle Quellen Aufschluss über den Stand der Technik und über Innovationen des Unternehmens. In ihrer ästhetischen Anmutung sind sie eher karg und weit weniger spektakulär als die Architekturen der Silos – vielleicht mit Ausnahme der beeindruckend geschwungenen Darrehauben.

Abb. 28 Darrehaube, undatiert. HStA Weimar, Sign. 288, Nr. 18.

Feuerungsanlagen und Krematorien

Mit der Projektierung und Konstruktion von Feuerungs- und Verbrennungsanlagen sowie von Krematorien setzte das Familienunternehmen aus Erfurt auf die neue Hygienebewegung, der sich ein aufgeklärt fortschrittliches Bürgertum bereits am Ende des 19. Jahrhunderts verschrieben hatte.

An neuen Anlagen zur Entsorgung durch Hitze, Gas oder Feuer herrschte in den schnell wachsenden Städten, allenthalben großer Bedarf. Die kommunale Müllabfuhr, die Industrie, die Schlachthöfe, die Krankenhäuser und schließlich auch die städtischen Friedhofe widmeten dem Gedanken der Hygiene vermehrte Aufmerksamkeit, seitdem die Medizin große Fortschritte erzielte im Wissen um die Bekämpfung von Seuchen und Epidemien und ihre Erreger durch Impfungen, Desinfektionen und Antibiotika. Es ging um die hygienisch sichere Verbrennung von Müll und Industrieabfällen, um die Beseitigung von Tierkadavern sowie um die Vernichtung all dessen, was mit Krankheitserregern kontaminiert war: vom Sputum Tuberkulosekranker bis zu Wäsche und Kleidung pockeninfizierter Patienten. Und schließlich ging es um eine moderne, hygienische Form der Bestattung menschlicher Leichname: um die Feuerbestattung und die Beisetzung der Asche in Urnen.

Abb. 29 Krematorium Werbeprospekt der Firma Topf & Söhne, 1914.

Die erste Feuerbestattungsanlage, die in Padua entwickelt worden war, wurde auf der Weltausstellung von 1873 als Weltneuheit bestaunt und stieß auf großes Interesse. Fünf Jahre (1878) später wurde das erste deutsche Krematorium im Thüringischen Gotha von Julius Bertuch errichtet. 1891 folgten Heidelberg und 1892 Hamburg. Um 1900 verfügten bereits sechs Städte über ein Krematorium. Es war zunächst das fortschrittliche Bürgertum, das sich in privaten Feuerbestattungsvereinen zusammenschloss und die finanziellen Mittel für den Bau und Unterhalt aufbrachte. Feuerbestattungen blieben indes eine Angelegenheit einer winzigen Minderheit, vorzugsweise gebildeter Freidenker. In Preußen wurde die Feuerbestattung 1911 gesetzlich eingeführt. Der Durchbruch gelang in den 1920er Jahren. Inflation und Weltwirtschaftskrise verwehrten vielen bürgerlichen Zeitgenossen eine würdige Erdbestattung. Auch in der protestantischen Arbeiterschaft fanden sich immer mehr Anhänger – denn die evangelische Kirche hatte ihren Widerstand gegen diese Form der Bestattung 1920 aufgegeben.[78] Bis 1930 stieg die Anzahl der Krematorien im Reich von 53 auf 102. Noch immer fand die Feuerbestattung Zuspruch vor allem unter Großstädtern. Namhafte Architekten wie Peter Behrens widmeten sich dem Krematoriumsbau.[79]

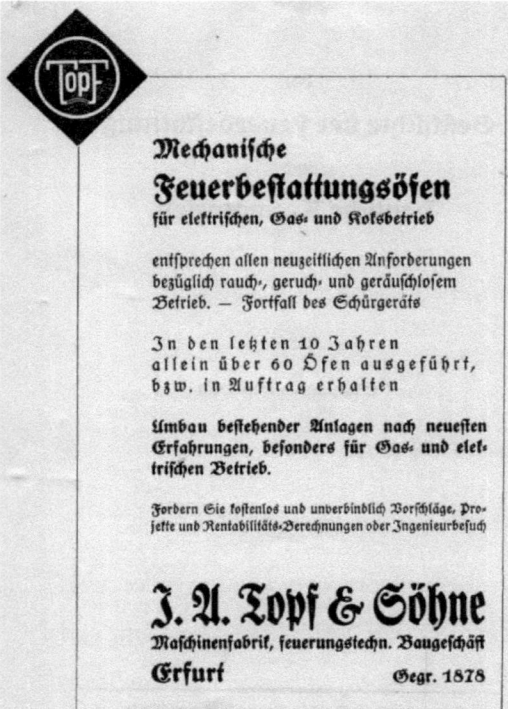

Abb. 30 Werbeanzeige für Feuerbestattungsöfen, 1932.

Weithin blieb es übliche Praxis, den festlichen Ritus der Trauerfeier sowie die Ausstellung und die Bestattung der Urne vom nüchtern technischen Vorgang der eigentlichen Kremierung zu trennen: Die

Einäscherung geschah in einem Kellerbereich, der den Blicken der Anwesenden entzogen war, buchstäblich hinter den Kulissen - wenn er überhaupt gleichzeitig mit der Trauerfeier und in Anwesenheit der Hinterbliebenen stattfand und nicht als einsame Prozedur ohne jede Feierlichkeit durchgeführt wurde.

Eine theosophische und esoterische Avantgarde in den Feuerbestattungsvereinen und unter den Architekten des Krematoriumsbaus strebte jedoch die Abkehr von der Kremierung als technischem Vorgang an. Sie wollte stattdessen einen sakralen Akt der Feuerehrung im Zeichen des Lichtgedankens. In den Jahren 1937 und 1938 wurden etliche Krematorien als neue „Nordische Feuerweihehallen" projektiert und zum Teil auch errichtet. Nicht die Huldigung des Leichnams durch Trauerfeier und Grablegung bildet den feierlichen Höhepunkt, sondern das Abschiednehmen und Geleiten des Sarges an die Pforte eines geradezu theatralisch inszenierte „Allerheiligsten": Hierbei handelte es sich um einen strahlenden, gleißend hellen Lichtraum, in den der Sarg nun horizontal oder sogar bergan eingezogen und nicht etwa abgesenkt wurde. Die technischen Möglichkeiten für eine horizontale Staffelung der Funktionsräume in den neuen Feuerweihehallen wurden 1930 mit einem neuen gasbetriebenen Einäscherungsverfahren geschaffen, das den Rekuperator zum Vorwärmen der Luft obsolet machte. Zum Marktführer entwickelte sich die Firma Topf & Söhne mit ihrem Modell von 1934.[80] Kurt Prüfer, der Chefingenieur für Einäscherungsöfen im Unternehmen, bescheinigte dem neuen Verfahren 1931 jedoch – durchaus kritisch – ein Herabsinken der Kremierung zur reinen „Kadaververnichtung".[81] Zwar hielten auch die Reformer noch am Ritus der Aschebeisetzung fest, für die man symmetrisch angelegte Urnenhaine plante. Doch galt der restlose Übergang in das „Lichtreich", also die restlose Feuerbestattung als letztes Ziel.[82]

Abb. 31 links Sputum-Vernichtungsofen, Abb. 32 rechts Abfallvernichtungsofen für das Erfurter Krankenhaus. Undatiert, HStA Weimar Sign. 294, Nr. 10a RS und Nr. 9 RS.

Die Entwicklung und Durchsetzung technischer Infrastrukturen für die gesunde Großstadt bildeten in den ersten beiden Dekaden des 20. Jahrhunderts den vorläufigen Schlussstein der öffentlichen Gesundheitspolitik und Stadtplanung, die in den 1860er Jahren als bürgerliche Sozialreform begonnen hatte. Doch nun rückten Bakteriologen, Ärzte und Ingenieure den Problemen mit Wissenschaftlichem Interesse, medizinischer Praxis und technischem Sachverstand zu Leibe.[83] Für das Erfurter Krankenhaus baute Topf & Söhne einen Verbrennungsofen zur Beseitigung des hochinfektiösen Auswurfs Tbc-Kranker – und empfahl sich damit als technischer Experte für Krankenhaushygiene. In den 1930er Jahren entwickelte die Firma eine mobile Müllverbrennungsanlage.

Im Mai 1939, als die örtlichen Krematorien von Weimar und Jena bei der Einäscherung der Leichen des Konzentrationslagers Buchenwald an ihre Kapazitätsgrenzen stießen, wandte sich die SS an Topf & Söhne.[84] Dessen Chefingenieur, Kurt Prüfer, passte die Müllverbrennungsanlage des Unternehmens an, um daraus einen mobilen, mit Öl betriebenen Krematoriumsofen zu entwickeln. Es folgte eine erste Bestellung von drei mobilen Öfen. Von da an war das Unternehmen mit der SS-Verwaltung im Geschäft und arbeitete an der technischen Verbesserung der Öfen wie auch an der Erweiterung ihrer Kapazitäten. Moralische Bedenken gegen diese Kooperation – Fehlanzeige. Bald hatten die Topf'schen Krematorien drei Brennkammern. Und auf die mobilen Öfen folgten ortsfeste Krematorien. Das erste stand in Buchenwald, wo die Ingenieure und Monteure um Kurt Prüfer eine Anlage mit vier Brennkammern errichteten. Darin konnten täglich 9.000 Leichname eingeäschert werden. Auf Buchenwald folgten Dachau, Mauthausen, Groß-Rosen und Auschwitz-Birkenau. Nach der Wannsee-Konferenz im Januar 1942 offerierte Topf & Söhne anlässlich einer Ortsbegehung, die der Ventilation der Gaskammern in Auschwitz gewidmet war, Krematorien mit acht Brennkammern zu errichten. Die Ventilationssysteme waren ebenfalls von einem Ingenieur Topf & Söhnes, von Karl Schultze, entwickelt worden.

In der Folge entfaltete sich unter den führenden Ingenieuren des Unternehmens eine gespenstische Konkurrenz um den besten Verbrennungsofen. Fritz Sander, der Leiter der Abteilung für den Ofenbau, konstruierte einen „Leichenverbrennungsofen für den Massenbetrieb", bei dem er sich den Transport der Körper nach dem „Förderband-System" dachte. Seine Erfindung ließ er sich patentieren. Gebaut wurde sie nicht. Sein Konkurrent Prüfer arbeitete 1943 für Auschwitz an einem sechsten Krematorium, welches mit industriellen Ringöfen ebenfalls für den Dauerbetrieb ausgelegt war und darüber hinaus eine deutliche Senkung der Kosten versprach. Auch dieses Projekt wurde nicht mehr realisiert.[85]

Die Gepflogenheiten der Feuerbestattung, den emotional riskanten und vielfach noch lange Zeit als „pietätlos" und barbarisch empfundenen Akt der Verbrennung von der Trauerfeier abzuspalten, anstatt ihn zu integrieren oder sogar in den Mittelpunkt zu rücken, sollte sich in den Konzentrationslagern als nützliche Hintertür für die massenhaften Einäscherungen von Ermordeten erweisen. Die Beseitigung einer großen Menge von Leichen erschien in der kalten Logik der SS, aber auch in der des beauftragten Unternehmens, und seiner Ingenieure und Monteure, welche die Öfen konstruierten, lieferten, einbauten und für einen störungsfreien, „optimalen" Betrieb sorgten, als bloße technische Herausforderung. Und sie war in der Logik aller Beteiligten geboten zur Aufrechterhaltung der „Ordnung" und im Interesse der „Hygiene" in den Lagern.

Dabei verstießen Täter und Technokraten gleich mehrfach gegen geltendes Recht. Das Feuerbestattungsgesetz vom 15. Mai 1934, das Erd- und Feuerbestattungen im Deutschen Reich gleichgestellt hatte, sah nämlich vor, dass in Krematorien obligatorisch eine zweite Leichenschau durch einen Amtsarzt oder Pathologen durchzuführen sei, um ein Tötungsverbrechen vor der Einäscherung der Leiche aufzudecken. Die übernahm unzulässigerweise der Lagerarzt. Ein nummerierter feuerfester Schamottestein, der dem Leichnam beigegeben wurde, sollte die eindeutige Zuordnung der Asche ermöglichen. Davon konnte in den Lagerkrematorien keine Rede sein. An der Aufdeckung der Morde hatte die SS selbstverständlich kein Interesse. Und die Aschekapseln von Topf & Söhne, welche den Angehörigen gegen eine obligatorische Gebühr angeboten wurden, enthielten bestenfalls die sterblichen Überreste irgendeines namenlosen Häftlings.

Zur sozialen Erzeugung moralischer Indifferenz, zu den Folgen hierarchischer und funktionaler Arbeitsteilung, zur Entmenschlichung der Opfer und überhaupt zur überragenden Rolle, welche die Bürokratie dabei im Holocaust spielte,[86] treten mit dem Unternehmen Topf & Söhne der Aspekt der technischen Machbarkeit und Effizienz und die Frage des „Produktstolzes" in maximaler moralischer Distanz zum Verwendungszweck. Vielleicht betrachteten sich die Unternehmer und ihre leitenden Ingenieure, die keine glühenden Nationalsozialisten waren, tatsächlich noch immer als Teil jenes fortschrittlichen, urbanen Bürgertums, welches eigentlich nur der Hygienebewegung in Deutschland aufhelfen wollte. Vielleicht handelte es sich aber auch um eine nützliche Rechtfertigungsstrategie von Technokraten gegenüber den Siegern, die sich eine Bedeutungsverschiebung zu Nutze machten. Denn „Hygiene" bedeutete im Dritten Reich durchaus etwas anderes als vorher und nachher: Sie wurde zu einem völkisch und rassenpolitisch gewendeten Kampfbegriff der „Volksgemeinschaft". Wer nicht dazu gehörte, sollte ausgemerzt werden. Sein Leichnam konnte wie ein Tierkadaver verbrannt werden. Jegliche Form von Pietät galt hierbei als unnützer Aufwand. Die kultische Feuerehrung der „teuren Toten" und die profanisierten Masseneinäscherungen der ermordeten KZ-Häftlinge fußten im Kern auf denselben technischen Innovationen.

Abb. 33 Ofenschild im ehemaligen Vernichtungslager Auschwitz. Privatarchiv der Autorin.

Die Krematorien wurden in den Konzentrationslagern keineswegs als anonyme Anlagen errichtet. Vielmehr prangte auf den Verbrennungsöfen das Topf-Logo als Markenzeichen. Die „Qualitätsprodukte" standen insofern in einer Reihe mit den Topf'schen Verbrennungsanlagen für Krankenhäuser, den Mälzereianlagen für die Brauindustrie und den Siloanlagen, welche die Firma an ihre Kunden lieferte. Offensiv geworben wurde aber nur für Letztere, während der Ofenbau sich hinter der Einrichtung von Dampfkesselhäusern verbarg.

J. A. TOPF & SÖHNE

Maschinenfabrik
und Feuerungstechnisches Baugeschäft

Gegründet 1878

Fabrik und Verwaltung: Dreysestraße 7–9
Fernsprecher: S.-Nr. 251 25
Telegramm-Adresse: TOPFWERKE
Reichsbank-Girokonto - Postscheckk. 1792

Arbeitsprogramm:

Einrichtung vollständiger Mälzereianlagen, Brauereianlagen

Einrichtung vollständiger Silo-Speicheranlagen, Stahlsilos, pneumatische Getreide-Umschlags-Anlagen, Getreide-Trockner

Einrichtung kompletter Dampfkesselhäuser, Feuerungsanlagen, Bekohlungs- und Entaschungs-Anlagen, Dampfkessel-Einmauerungen, Industrie-Schornsteine, Ofenbau, Transportanlagen

Be- und Entlüftungs-Anlagen, Absaug-Anlagen für Staub und Späne

Schornstein-Aufsätze, Eisenkonstruktionen und Behälterbau

Abb. 34 Anzeige aus dem Erfurter Adressbuch, 1941/42.

Bis Kriegsende unternahm das Unternehmen offenbar keinen Versuch, die Geschäftsbeziehungen zur SS zu verdunkeln. Es war die SS selbst, die im November 1944 in Auschwitz im Angesicht der schnell vorrückenden Roten Armee begann, die Spuren ihrer Verbrechen zu beseitigen: die Gaskammern und Krematorien wurden abgetragen. Im KZ Mauthausen, im tiefsten Österreich sollte sie wiederaufgebaut werden, um dort die Vernichtung fortzusetzen.

Abb. 35 Krematorium Buchenwald. Angehöriger des US Army Signal Corps, April 1945. Fotograf unbekannt. Gedenkstätte Buchenwald.

Amerikanische Offiziere, die das Konzentrationslager Buchenwald am 11. April 1945 befreiten, entdeckten an den Verbrennungsöfen das Logo des Erfurter Unternehmens. Bereits einen Tag später begann das US Counter Intelligence Corps (CIC) mit der Untersuchung über Art und Umfang der Beteiligung der Firma an der Vernichtungspolitik der Nationalsozialisten.[87] Zunächst schien es, als sei die Verteidigungsstrategie des Unternehmens erfolgreich. Ludwig Topf (1903-1945) behauptete in Absprache mit dem Betriebsrat des Unternehmens, die

Ofenlieferungen an die Konzentrationslager seien nicht zu beanstanden und aus hygienischen Gründen richtig gewesen. Ende Mai 1945 entzog er sich seiner Verhaftung und weiterer Vernehmungen durch Selbstmord. Die Amerikaner stellten im Juni 1945 aber die Ermittlungen ein und genehmigten die Wiederaufnahme der Produktion. Ernst Wolfgang Topf (1904-1979) erhielt die Erlaubnis, bei der Allianz Versicherung in Stuttgart, das in der französischen Zone lag, eine größere Summe Bargeldes aus der Lebensversicherung seines verstorbenen Bruders abzuholen, um das Unternehmen weiterzuführen. Doch dem Unternehmer wurde in der amerikanischen Zone in Wiesbaden die Weiterreise verwehrt. Unterdessen hatte im Juli 1945 die Übergabe Erfurts an die sowjetische Besatzungsmacht stattgefunden. Sie verhinderte Ernst W. Topfs Rückkehr nach Erfurt. Das Unternehmen wurde im November 1945 als „herrenloses Eigentum" beschlagnahmt und unter Zwangsverwaltung gestellt. Zum Zwangsverwalter wurde Kurt Schmidt bestellt, den noch E.W. Topf als Stellvertreter eingesetzt hatte. Anfang März 1946 wurde die Friedensproduktion wiederaufgenommen. Zur gleichen Zeit wurden die leitenden Ingenieure Kurt Prüfer, Fritz Sander und die Unternehmensführung in Gestalt von Gustav Braun, Karl Schultze und Max Machemehl verhaftet. Ihnen wurde die „Beteiligung an den schrecklichen Straftaten der Hitler-Anhänger in den Konzentrationslagern" vorgeworfen. Allein Machemehl wurde wieder freigelassen. Sander starb in der Haft. Prüfer, Schultze und Braun wurden nach Moskau überstellt. Alle Erklärungsversuche der Angeklagten erschienen den sowjetischen Ermittlern – anders als den Amerikanern - als unglaubwürdige Ausflüchte. Schlussendlich gestanden sie die Verbrechen, derer sie angeklagt waren, und wurden ohne ordentliche Gerichtsverhandlung für schuldig befunden. Alle wurden zu 25 Jahren Zwangsarbeit verurteilt. Prüfer starb 1952 in einem sowjetischen Straflager. Die beiden anderen wurden 1955 in die DDR entlassen. Inzwischen wurde das Unternehmen Topf & Söhne im Sommer 1948 zum Volkseigenen Betrieb (VEB) und wandte sich wieder seinem Kerngeschäft zu. Vom Bau von Krematorien verabschiedete man sich endgültig im Jahr 1955.

Fotografien der Krematoriumsöfen und der vom Unternehmen gelieferten Aschekapseln, die in der Dauerausstellung am Erinnerungsort Topf & Söhne und auch in der Wanderausstellung ein prominenten Platz einnehmen und bald zu den Ikonen der Mittäterschaft wurden, sind im Bildbestand des Unternehmens nicht überliefert. Sie waren als Beweismittel von den Amerikanern und wenig später von der sowjetischen Untersuchungskommission beschlagnahmt worden. Möglicherweise wurde Bildmaterial, das von den Alliierten übersehen worden war, nach 1945 entfernt und vernichtet.

Friedensware

Bereits im Oktober 1945 kam das Unternehmen zu seinem ersten Auftrag: Die Rote Armee bestellte bei Topf & Söhne 200 Feldküchen. Doch es fehlte an Material, so dass bis Ende März 1946 erst 45 Feldküchen fertiggestellt werden konnten.[88]

Abb. 36 Feldküche für die Rote Armee, 1945 .HStA Weimar, Sign. 260.

Abb. 37 Messe „Wirtschaft im Aufbau", Erfurt Ende 1945.ThStA Weimar.

Ende 1945 war Topf & Söhne hoffnungsfroh mit einem Stand auf der lokalen Messe „Erfurt – Wirtschaft im Aufbau" vertreten, obwohl das Unternehmen damals bereits unter Zwangsverwaltung stand. Die Installation zeigte das Firmenschild, darunter eine plakatförmige Information „Unser Fertigungsprogramm". In einer Vitrine hinter Glas war die bekannte Grafik „Topf in aller Welt" mit Kunden aus 48 Ländern zu sehen, zu denen in der Vergangenheit Geschäftsbeziehungen bestanden hatten. Auf der Verblendung an der Längsseite des Vitrinentischs war zu lesen: „An unserer Wiege standen nicht Kapital, sondern Erfindergeist, Schaffensfreude und Tüchtigkeit Pate. Sie sollen sich nun aufs Neue bewähren." Den Wänden links und rechts neben dem Messestand konnten die Besucher weitere Parolen der Selbstverpflichtung entnehmen: „Auch wir helfen mit allen Kräften am Wiederaufbau für ein neues demokratisches Deutschland." Und „Unser Wille ist Arbeit, unser Ziel ist Freiheit, unsere Pflicht ist Wiedergutmachung."

Anfang März 1946 erhielt das Unternehmen von der Sowjetischen Militäradministration (SMAD) einen Großauftrag: Topf & Söhne sollte Mälzereien und Brauereianlagen in der Sowjetunion errichten.

Abb. 38 Brauereiausstellung München, Werbemarke 1951.

Fünf Jahre später, auf der ersten Brauereiausstellung nach dem Krieg, die im September 1951 in München, der Hochburg des deutschen Bieres, stattfand, empfahl man sich bereits wieder als Qualitätsbetrieb. Etliche historische Aufnahmen, die das Traditionsgeschäft Topf & Söhnes dokumentieren, finden sich im neuen Firmenkatalog. Die darin versammelten 193 Fotos von Brauerei- und Mälzereianlagen, Silos und

Verbrennungsanlagen stammten fast alle aus den Jahren vor 1945. Man nahm, was vorhanden war. Ganz pragmatisch wurde das Fabrikationsprogramm des VEB NAGEMA auf diese Weise in den Zustand zeitloser Unverfänglichkeit zurückversetzt. Zu begutachten waren der Messestand selbst, eine Abbildung des Kongens Bryghus, Kopenhagen, ein Modell der Feldküche für die Rote Armee, das Muster einer Urkunde für Mitarbeiter zur Aufnahme in die "Stammmannschaft" vor 1945, das Laboratorium, Produktschilder mit dem Topf-Logo, Prosepkte und Inserate, die Patentschrift über das "Pneumatische Malzverfahren" (1878), zahlreiche Entwurfszeichnungen und Ansichten von Mälzereien, Brauereien und Siloanlagen im In- und Ausland, Heeresspeicher mit fahrbarer pneumatischer Schiffsentladung aus der Kriegszeit, eine Trockenschnitzelhalle, Vergaser und Begasungsanlagen, ein Organigramm der Firma Topf & Söhne, Außenansichten von Fabrik- und Verwaltungsgebäuden, gasdichte Türen, eine Schaltuhr für die Weichenbelüftung und schließlich Stellwerke für die Rote Armee.[89]

Einige Architekturskizzen der Siloanlagen, deren Sihouette der von großen Kreuzfahrtschiffen ähnelte, ließen winzige Hakenkreuzfahnen erkennen, die lustig im Wind flatterten.

Abb. 39 Architekturzeichnung einer Siloanlage mit Hakenkreuzfahne, undatiert. Katalog anläßl. der Münchener Brauereiausstellung 1951. HStA Weimar, Sign. 260, Nr. 30.

Das Kerngeschäft von Topf & Söhne erschien offenbar über jeden Verdacht erhaben. Ein Jahr zuvor hatte man eine Anzeige im Erfurter Adressbuch (1950) geschaltet: Bis auf den Firmen- und den Straßennamen hatte sich am „Arbeitsprogramm" des Unternehmens nichts geändert. Man erwartete, bald an die guten alten Zeiten anknüpfen zu können, als Topf & Söhne Marktführer war.

Abb. 40, Abb. 41 aus dem Katalog zur Münchener Brauereiausstellung 1951.
HStA Weimar, Sign. 260, Nr. 4 und Nr. 37.

8. Schlussbemerkung

„Ich kann beim besten Willen kein Hakenkreuz entdecken" – so nannte der Künstler Martin Kippenberger 1984 ein Gemälde. In der neokubistischen, konstruktivistischen Ästhetik der klassischen Moderne griff der Maler zum Mittel der Persiflage. Sie war als Kritik an einer lange verbreiteten Verdrängung der nationalsozialistischen Verbrechen gemeint. Selbstverständlich konnte und kann der Betrachter nach der Lektüre des Titels gar nicht anders, als nach dem Hakenkreuz im Bild suchen.[90]

Auch über den Bildbestand von Topf & Söhne ließe sich – der Exkulpationsstrategie des Unternehmens im Sommer 1945 folgend - sagen: "Es ist beim besten Willen kein Hakenkreuz zu erkennen". Für die Dekaden vor 1933 ist "noch nichts" zu sehen, für die Jahrzehnte nach 1945 in aller Regel "nichts mehr". Und selbst für die Aufnahmen, die aus der Zeit des Dritten Reiches erhalten geblieben sind, trifft zu: Hakenkreuze als Symbole einer besonderen Regimenähe des Unternehmens oder seiner ideologischen Affizierung sind nur ausnahmsweise zu finden. In Architekturzeichnungen scheinen sie als bewegtes Element für ein laues Lüftchen nur zufällig ins Bild greaten zu sein.

Grundsätzlich sind der Fotografie die Topoi der historischen Erzählung fremd. Das Medium bedient sich weder der beliebten Erzählfigur des "Vorboten", noch der Metaphern vom "Nährboden" oder vom "fruchtbaren Schoß", die so gern für alle Aspekte unliebsamer Kontinuitäten für die Zeit vor und nach der braunen Diktatur im Schwange sind. Im Gegenteil steht die Fotografie für eine reine, vermeintlich untrügliche Gegenwart. Sie bezeugt "Evidenz", in dem Sinne, dass die fotografierten Objekte – Produkte, Anlagen, Menschen – existierten und dass sie sich tatsächlich zu einer bestimmten Zeit an einem bestimmten Ort befunden haben. Doch die Realität des Unternehmens ist – wie Brecht über jegliche Industriefotografie vermutet hat - tatsächlich "in die Funktionale gerutscht"[91]. In den erhalten gebliebenen Fotografien ist sie nicht mehr oder nur bruchstückhaft zu finden. Es bedarf des historischen Kontextes, es bedarf zusätzlicher Informationen aus Dokumenten, und es bedarf der ergänzenden Gegenüberlieferung, die sich bei Auftraggebern und Abnehmern erhalten hat.

Im Falle des Unternehmens Topf & Söhne fehlen sogar die Fotos selbst. Aufnahmen von Krematoriumsöfen und Leichenaufzügen oder Vorrichtungen zur Einleitung des tödlichen Zyklon B in die Gaskammern haben sich im Bestand des Unternehmens nicht erhalten. Um die Spuren der Beteiligung an der verbrecherischen Vernichtungspolitik in den Konzentrationslagern zu verwischen, vernichteten die Firmenleitung von Topf & Söhne, die involvierten Ingenieure und technischen Spezialisten bei Kriegsende mutmaßlich etliche Schriftstücke, technische Zeichnungen und Fotos über die Perfektionierung der Gaskammern und den Bau und Betrieb der Verbrennungsöfen.[92] Bis 1945 dürfte es solche Aufnahmen im Werksarchiv gegeben haben – ausweislich größerer Lücken in den durchnummerierten "Werksfotos". Doch existiert für das KZ Auschwitz eine Gegenüberlieferung, darunter auch eine Fotodokumentation der Waffen-SS und Polizei, also der Auftraggeber aus dem Jahr 1943, welche die SS-Zentralbauleitung im Eingangsbereich des Lager-Hauptgebäudes sogar stolz in einer Auswahl öffentlich präsentierte.[93] Hier holte das Unternehmen die gängige Praxis ein, wonach die Aufnahmen neu errichteter Anlagen beim Kunden angefertigt wurden.

Darüber hinaus stammten Fotos von Öfen und Gaskammern aus der Hand der Alliierten im Augenblick der Befreiung. Oder sie wurden wenig später angefertigt, um den Zeitgenossen und Nachgeborenen vor Augen zu führen, welche Grausamkeiten in den Konzentrations- und Vernichtungslagern stattgefunden hatten. Diese Fotografien sind sämtlich anderswo zu finden als in den Beständen des früheren Unternehmens, in den Archiven der Gedenkstätte Yad Vashem, des Staatlichen Museums Auschwitz-Birkenau, des Tsentr khraneniia istoriko-dokumental'nykh kollektsii (TsKhIDK) in Moskau oder in anderen Archiven.

Für die vorhandenen Werksfotos stellt sich indes die Frage, ob Verwendungszusammenhänge und Gebrauchsweisen dieser Aufnahmen ansatzweise rekonstruiert werden können. Dies ist für die unmittelbare Nachkriegszeit tatsächlich möglich. Und vermutlich hat ihre umgehende Verwendung in einem neuen wirtschaftllichen und politischen Kontext die Aufnahmen vor der Kassation bewahrt.

Auf der anderen Seite ist anzunehmen, dass der VEB EMS (1948) als Nachfolger eines ehemaligen Unternehmens von "Faschisten", das seinen Sitz seit der Gründung und über das Kriegsende hinaus stets amselben Ort und seit 1949 auf dem Territorium der DDR hatte, sich in maximaler Distanz zu den kapitalistischen Eigentümern von einst übte[94] und auch seine Überlieferungsstrategie von "bewahrenswerten" Materialien danach ausrichtete. Die Verantwortung des Vorgängerbetriebs wurde daher nicht offensiv thematisiert. Von Wert für den antifaschistischen und sozialistischen Neubeginn nach der Enteignung erschienen vor allem Bildbestände, die zu den positiv besetzten Leitmotiven der "Tradition", und des "Erbes", aber auch zum dominierenden Narrativ der "Neuen Zeit" und zum Topos vom immerwährenden technischen "Fortschritt" einst und jetzt passten.

Auf diese Weise fiel es zu DDR-Zeiten dem "Volkseigenen Betrieb Erfurter Mälzerei- und Speicherbau (VEB EMS) leicht, einen weiten Bogen um die NS-Zeit und um den Skandal der Mittäterschaft seines Vorgängers Topf & Söhne im KZ-Geschäft zu schlagen. Auch die DDR hatte ihre Pfade der Verdrängung und der Instrumentalisierung der Vergangenheit.

9. Nachwort

Im September 2018 wurde die neue Homepage www.topfundsoehne.de freigeschaltet, die ausgewählte Beispiele der Industriefotografie aus dem Erfurter Unternehmen J. A. Topf & Söhne präsentiert. Sie ist das Ergebnis eines gemeinsamen Projektes, welches das Hauptstaatsarchiv Weimar, der Lehrstuhl Historische Anthropologie an der Universität Erfurt unter Leitung von Prof. Dr. Alf Lüdtke († 2019) und der Thüringer Universitäts- und Landesbibliothek auf den Weg brachten. Die Homepage präsentiert zur Zeit 370 Fotos, die durch ihre Beschriftung eindeutig als Werksfotos zu identifizieren sind.

Die vorliegende Expertise zur fotografischen Überlieferung des Unternehmens Topf & Söhne und seiner Nachfolger, sowie die Beschreibung und Interpretation ausgewählter Alben und Einzelbilder wurde im Rahmen dieses Projektes im Herbst 2011 begonnen und im Herbst 2018 aktualisiert. Grundlage waren etwa 2.700 Fotografien, welche studentische Mitarbeiter im Hauptstaatsarchiv Weimar und im Bestand des Stadtmuseums Erfurt erfasst, erschlossen und digitalisiert haben, ferner die nun Online freigeschaltete Auswahl von Werksfotos.

Mit der Bilddatenbank zu ausgewählten Fotos der Firma J. A. Topf & Söhne, Erfurt ist ein bedeutsames Beispiel der Industriefotografie in Thüringen öffentlich nutzbar. Die Homepage www.topfundsoehne.de wird sinnvoll ergänzt durch zwei Online-Findbücher im Archivportal Thüringen:

http://www.archive-in-thueringen.de/de/findbuch/view/bestand/25197 (J.A. Topf & Söhne) sowie

http://www.archive-in-thueringen.de/de/findbuch/view/bestand/28306 (Sammlung Jean-Claude Pressac).

Für ihre Kooperation danke ich der Archivarin Katrin Weiß, im Hauptstaatsarchiv Weimar. Mein Dank gilt auch Prof. Dr. Alf Lüdtke, der mir die Möglichkeit eröffnete, meine Kenntnisse als Fotohistorikerin in das Projekt einzubringen. Mein besonderer Dank gilt Norbert Höfel, der 1962 als Lehrling im VEB Erfurter Mälzerei- und Speicherbau (VEB EMS) eintrat und der nach der Wende zwischen 1991 und 1996 dort Betriebsrat war. Er lieferte mit beeindruckender Akribie zahllose technische Beschreibungen des Abgebildeten und die topografische Zuordnung von Betrieben, Produktionsstätten und Büros.

10. Anmerkungen

[1] Zu den Brauereien und Mälzereien in der SBZ/DDR siehe Hans-J. Manger: Die Brau- und Malzindustrie in Deutschland-Ost zwischen 1945 und 1989. Ein Betrag zur Geschichte der deutschen Brau- und Malzindustrie im 20. Jahrhundert, Berlin 2016.

[2] Bruno Baum: Widerstand in Auschwitz, Berlin(DDR)² 1962 [zuerst 1957], S. 55f.: „Firma J.A. Topf & Söhne".

[3] Philipp Kratz: Ernst Wolfgang Topf, die Firma J.A. Topf und Söhne und die Verdrängung von Schuld in der Nachkriegszeit, in: ZfG 56 (2008) H.3, S. 249-266.

[4] Annegret Schüle: Industrie und Holocaust. Topf & Söhne – die Ofenbauer von Auschwitz, Göttingen 2010. Karen Bartlett: Architects of Death. The Family who Engineered the Holocaust, London 2018.

[5] Anmerkungen zum metaphorischen Sprechen über die Vernichtungslager als „Todesfabriken", wie es 1944 begann, sind nachzulesen in: Karin Hartewig: Zurückgekehrt. Jüdische Kommunisten in der DDR, Köln/Weimar 2000, hier: Das neue Wort: „Todesfabrik", S. 436-442. Siehe auch Alf Lüdtke: Der Bann der Wörter: „Todesfabriken", in. WerkstattGeschichte 5. Jg. (1996) H. 13, S. 5-18.

[6] Zur Debatte um einen „Erinnerungsort" in Erfurt siehe Aleida Assmann, Frank Hidemann und Eckhard Schwarzenberger (Hg.): Firma Topf & Söhne – Hersteller der Öfen für Auschwitz. Ein Fabrikgelände als Erinnerungsort?, Frankfurt am Main 2002.

[7] „Techniker der Endlösung". Topf & Söhne – Die Ofenbauer von Auschwitz. Hg. von Volkhard Knigge in Zusammenarbeit mit Annegret Schüle und Rikola-Gunnar Lüttgenau im Auftrag der Stiftung Gedenkstätten Buchenwald und Mittelbau-Dora, Weimar 2005. Ferner Broschüre zur Eröffnung des Erinnerungsortes Topf & Söhne – die Ofenbauer von Auschwitz am 27. Januar 2011. Hg. vom Thüringischen Landtag und der Stadtverwaltung Erfurt mit Unterstützung der Sparkassen-Kulturstiftung Hessen-Thüringen, Erfurt 2011, Die Broschüre kann, ebenso wie die Flyer zu den Austellungen, als pdf heruntergeladen werden auf der Homepage http://topfundsoehne.de, „Publikationen". Zum Paradigmenwechsel von der „Opfer-„ zur „Tätergeschichte", siehe: Ulrich Herbert: Vernichtungspolitik. Neue Antworten und Fragen zur Geschichte des Holocaust, in: Ders. (Hg.): Nationalsozialistische Vernichtungspolitik 1939-1945. Neue Forschungen und Kontroversen, Frankfurt am Main 2001 [zuerst 1998], S. 9-66.

[8] Sächsische Landesbibliothek (Hg.): Verzeichnis fotografischer Sammlungen in der Deutschen Demokratischen Republik. Bearbeitet von Klaus-Dieter Bernstein und Christa Bach, Dresden 1989. Eine Auflistung der DDR-Archive nach dem Stand von 1975 findet sich in: Verzeichnis der Archivare an Archiven der Bundesrepublik Deutschland mit Land Berlin, in der Deutschen Demokratischen Republik, der Republik Österreich und der Schweizer Eidgenossenschaft. Hg. vom Verein der Archivare, Wiesbaden 1975.

[9] Sächsische Landesbibliothek (Hg.): Führer durch die Abteilung Deutsche Fotothek. Bearbeitet von Walter May, Dresden 1985.

[10] Das sind die heutigen Staatsarchive Weimar (Bezirk Erfurt), Rudolstadt (Bezirk Gera) und Suhl bzw. Meiningen (Bezirk Suhl).

[11] Vgl. Friedrich-Wilhelm Henning: Die Aufgaben der Werksarchive und der Betriebsgeschichte der DDR, in: Archiv und Wirtschaft 16 (1983) S. 12-20.

[12] Unter anderem zur Unterstützung und zum Aufbau von Wirtschaftsarchiven wurde im Mai 1990 die Vereinigung der wirtschafts- und Sozialhistoriker e.V. gegründet, Siehe die Mitteilung in: Archiv und Wirtschaft 23 (1990) S. 68.

[13] Repertorium des Thüringischen Hauptstaatsarchivs Weimar: J.A. Topf & Söhne. Bearbeitet von Gitta Günther und Bernhard Post, Weimar 2004, Vorwort, S. IV.

[14] Ebd., S. V.

[15] E-Mail Florian Heintzes an die Autorin (22.11.11).

[16] Pressac, Krematorien von Auschwitz, passim.

[17] Anfrage an die Leiterin des Bildarchivs, Christine Riederer, vom 10.11.2011 telefonische Antwort.

[18] Archiv des Deutschen Museums, Antwort per E-Mail (24.10.11).

[19] http://topf.squat.net [besucht am 18.11.11].

[20] Ebd. und auf der alten Homepage des Förderkreises Geschichtsort Topf & Söhne, dem Vorläufer von „Erinnerungsort Topf & Söhne e.V.", www.topf-holocaust.de.

[21] Beide Alben befinden sich im Bestand des Erfurter Stadtmuseums bzw. als Leihgaben in der Ausstellung im neuen Museum „Erinnerungsort Topf & Söhne", Erfurt.

[22] Zum Verhältnis von Nützlichkeit und Bedeutung einerseits und Wertschätzung im Sinne des Schützens, Bewahrens und Reproduzierens andererseits, siehe Krzysztof Pomian: Der Ursprung des Museums. Vom Sammeln, Berlin 1988, S. 50.

[23] Vgl. Peppino Ortoleva: Storia Fotografica del Lavoro, 1900-1980, Bari 1981. André Rouille: Les Images Photographiques du Monde du Travail sous

le Second Empire, in. Actres de la Recherche en Sciences Sociales 54 (Sept. 1984) pp. 33-43. Peter Kühnel: Fotografische Berufsdarstellungen im 19. Jahrhundert, in: Fotogeschichte 4 (1982) S. 3-14. Richard Hiepe: Riese Proletariat und große Maschine. Arbeiterfotografie von den Anfängen bis 1980, Erlangen 1983. Wolfgang Ruppert: Die Fabrik. Geschichte von Arbeit und Industrialisierung in Deutschland, München 1983. Alf Lüdtke: Industriebilder – Bilder der Industriearbeit? Industrie- und Arbeiterfotografie von der Jahrhundertwende bis in die 1930er Jahre, in: Historische Anthropologie 1 (1993) S. 394-430. Ders.: Gesichter der Belegschaft. Porträts der Arbeit, in: Klaus Tenfelde (Hg.): Bilder von Krupp. Fotografie und Geschichte im Industriezeitalter, München ²2000 [zuerst 1994], S. 67-88. Simone Barck und Dietrich Mühlberg: Arbeiter-Bilder und Klasseninszenierung in der DDR, in: Peter Hübner und Klaus Tenfelde (Hg.): Arbeiter in der SBZ – DDR, Essen 1999.

[24] Enno Kaufhold: Arbeitsbilder deutscher Kunstfotografen 1890-1914. Arbeit aus der Sicht der Bildungsbürger, in: Fotogeschichte 4 (1982) S. 39-50. Klaus Türk: Bilder der Arbeit. Eine ikonografische Anthropologie, Wiesbaden 2000.

[25] Z.B. Willi Römer. Ambulantes Gewerbe. Berlin 1904-1932. Hg. von Diethart Kerbs, Berlin 1983. Ruth Hallensleben. Frauenarbeit in der Industrie. Fotografien aus den Jahren 1938-1967. Hg. von Ursula Peters, Berlin 1985.

[26] Das eindrucksvollste Beispiel aus der Zeit vor der Digitalisierung ist das Erschließungsprojekt zur Industriefotografie im Ruhrgebiet, bei dem die Bilder auf Mikrofiches zugänglich gemacht wurden. Die bis heute gültige Systematisierung der Industriefotografie liegt als Publikation vor. Vgl. Reinhard Matz: Industriefotografie. Aus Firmenarchiven des Ruhrgebiets, Essen 1987. Explizit aus einer Perspektive des Übergangs und Verlustes Berthold Socha: Bestandsaufnahme. Stillgelegte Anlagen aus Industrie und Verkehr in Westfalen, Hagen 1985.

[27] Beispiele aus jüngerer Zeit sind: „Industrie und Fotografie. Sammlungen in Hamburger Unternehmensarchiven." Hg. von Lisa Kosok und Stefan Rahner für das Museum der Arbeit, Hamburg 1999. Sigrid Schneider (Hg.): Schwarzweiß und Farbe. Das Ruhrgebiet in der Fotografie, Essen 2000. „Arbeitswelten. Industriefotografien aus den Beständen des Bayerischen Wirtschaftsarchivs." Hg. von der Bayerischen Industrie- und Handelskammer, München 2004. Clemens Zimmermann und Christian Haller (Hg.): Saarländische Industriefotografie. Ein Bildarchivführer auf CD-ROM. Erarbeitet von der Abteilung Kultur- und Mediengeschichte der Universität des Saarlandes, Saarbrücken 2004. Karl-Peter Ellerbrock: Im Fokus der Kamera: Menschen

und Fabrikhallen. Anmerkungen zur Industriefotografie im Ruhrgebiet, in: Wilfried Feldenkrichen u.a. (Hg.): Geschichte – Unternehmen – Archive, Essen 2008, S. 495-514. Peter Döring und Theo Horstmann (Hg.): Revier unter Strom. Fotografien zur Elektrizitätsgeschichte des Ruhrgebiets, Essen 2010.

[28] Für die Industriefotografie im Osten vgl. Petra Clemens und Hans H. Clemens: VEB Forster Tuchfabriken am Brandenburgischen Textilmuseum, in: Rundbrief Fotografie 3 (2000). Ulrich Heß: Bildquelleninventar zur sächsischen Industriegeschichte bis 1918, Leipzig 2007.

[29] Z.B. Tilmann Buddensieg: Industriekultur: Peter Behrens und die AEG 1907-1914, Berlin 1979. Henning Rogge: Fabrikwelt um die Jahrhundertwende am Beispiel der AEG Maschinenfabrik in Berlin-Wedding, Köln 1983. Lieselotte Kugler (Hg.): Die AEG im Bild, Berlin 2000. „Profile. Typen der Arbeitswelt in der historischen Werksfotografie." Hg. von der Fried. Krupp AG, HOESCH-Krupp. (Red. Karl-Peter Ellerbrock), o.O. 1994. Theo Horstmann (Hg.): Elektrifizierung in Westfalen. Fotodokumente aus dem Archiv der VEW, Essen 2000. Manuela Fellner-Feldhaus: Von der Auftrags- zur Werksfotografie. Die bildliche Überlieferung des Bochumer Vereins für Gusstahlfabrikation, in: Westfälische Forschungen 58 (2008) S. 87-105. Sowie die beiden Publikationen zu Krupp: Klaus Tenfelde (Hg.): Bilder von Krupp. Fotografie und Geschichte im Industriezeitalter, München ^{2}2000 [zuerst 1994]. „Krupp. Fotografien aus zwei Jahrhunderten." Hg. von der Alfried Krupp von Bohlen und Halbach-Stiftung, Berlin/München 2011.

[30] Jörg Krichbaum (Hg.): Deutsche Standards. Produkte und Objekte in Deutschland, die als prominenter Teil für das Ganze stehen, Stuttgart/Wien 1988.

[31] Siehe Rainer Gries: Produkte als Medien. Kulturgeschichte der Produktkommunikation in der Bundesrepublik und der DDR, Leipzig 2003.

[32] Vgl. Anm. 10.

[33] Peter J. Fowler: Industry and the Camera, London 1985. David Nye: Image Worlds – Corporate Identities at General Electric. 1890-1930, Cambridge, Mass./London 1985. Francis Pugh und Peter Stebbing: Industrial Image – British Industrial Photography 1843-1986, London 1986. Rob Powell: Brunel's Kingdom. Photography and the Making of History, Bristol 1985. Jack F. Hurley: Industry and the Photographic Image. 153 Great Prints from 1850 to the Present, New York 1980. Alain Dewerpe: Miroirs d'Usines: Photographie Industrielle et Organisation du Travail a l'Ansaldo (1900-1920), in: Annales (Sept./Oct. 1987) pp. 1115-1157.

[34] Rolf Sachsse (Hg.): Peter Keetman. Eine Woche im Volkswagenwerk. Fotografien aus dem April 1953, Berlin 1985. [Ausstellungskatalog] Peter Keetman, Volkswagenwerk 1953. Hg. vom Kunstmuseum Wolfsburg, Bielefeld 2003.

[35] Bernd und Hilla Becher. Hochöfen. [Ausstellungsbroschüre im HOESCH-Museum, Dortmund], Dortmund 1990.

[36] „Krupp. Fotografien aus zwei Jahrhunderten." Hg. von der Alfried Krupp von Bohlen und Halbach-Stiftung, München 2011, hier Register der Fotografen und Abbildungen und der Beitrag von Ulrich Herrmanns: Außenansichten – Freie Fotografen bei Krupp, S. 113-122.

[37] Bei meiner Recherche zur Industriefotografie in Unternehmens- und Wirtschaftsarchiven in Westdeutschland und in den wiedergegründeten Staatsarchiven in Ostdeutschland habe ich Anfang der 1990er Jahre vielfach diesen Eindruck gewonnen.

[38] Vgl. Stefan Gronert: Die Düsseldorfer Photoschule. Photographien 1961-2008. Hg. von Lothar Schirmer, München 2009. „Ansicht, Aussicht, Einsicht. Andreas Gursky, Candida Höfer, Axel Hütte, Thomas Ruff, Thomas Struth. Architekturphotographie." Hg. von Monika Steinhauser und Ludger Derenthal, Düsseldorf 2000. Candida Höfer: Hamburg. Mit einem Essay von Michael Diers, Köln 2002. Bernd und Hilla Becher: Fabrikhallen. Mit einem Text von Klaus Bußmann, München 1994. Dies.: Hochöfen, München 1990. Dies.: Getreidesilos, München 2006.

[39] Vgl. Hartewig, Das visuelle Gedächtnis der Industrie, S. 7-13. Matz, Industriefotografie, a.O., Rolf Sachsse: Mensch – Maschine – Material – Bild. Eine kleine Typologie der Industriefotografie, in: Industrie und Fotografie, S. 85-93.

[40] Giebelhausen, Industriefotografie für Technik und Wirtschaft, S. 26f.

[41] Siehe Bildsprache der Industriefotografie – deutsche Positionen, in: „Industrie als Motiv. Industry as a Motif. Blick in die Sammlung / Look at the Collection. Die Photographische Sammlung / SK Stiftung Kultur Köln", Köln 2017, unpaginiert.

[42] Siehe Ulrich Pohlmann: Obelisken der Industrie – Poesie der Technik. Anmerkungen zur Industriefotografie im 19. Jahrhundert, in: Industrie-ZEIT. Fotografien 1845-2010. Eine Ausstellung des Münchner Stadtmuseums / Sammlung Fotografie. Mit Texten von Ulrich Pohlmann und Rudolf Scheutle, Tübingen 2011, S. 7ff.

[43] Programmatisch hierzu: Nye, Image Worlds – Corporate Identities at General Electric. 1890-1930, S. 148ff.: Photography and Ideology.

[44] Roland Barthes: Die helle Kammer. Bemerkungen zur Photographie, Frankfurt am Main 1985.

[45] Auch über die Bedingungen der auftragsgebundenen Fotografie gibt es bislang nur wenige Arbeiten. Vgl. Ludwig Hoerner (Hg.): Das photographische Gewerbe in Deutschland. 1839-1914. Hg. vom Centralverband Deutscher Photographen, Düsseldorf 1989. Rolf Sachsse: Die Arbeit des Fotografen. Marginalien zum beruflichen Selbstverständnis deutscher Fotografen 1920-1950, in: Fotogeschichte 4 (1982) S. 55-64. Reinhard Matz. Werksfotografie – Ein Versuch über den kollektiven Blick, in: Tenfelde, Krupp, S. 289-304.

[46] Zur Bildbearbeitung gibt es bereits sehr frühe Literatur. Johannes Grasshoff: Die Retouche von Photographien, Berlin 1869. C. Klary: L'Art de Retouche en Noir et les Epreuves Positives sur Papier. Nouveau Tirage, Paris 1898. Clive Holland: How to Take and Fake Photographs, London 1910. Emil Schönewald: Die Technik der Retusche in der Photographie, Bunzlau in Schlesien 1912. Hugo Müller: Die Misserfolge in der Photographie und die Mittel zu ihrer Beseitigung, Halle 1913.

[47] Heute verfügt „J. Müller Agri Terminal" über eine der größten zusammenhängenden Siloanlagen und über das höchste Silo Europas. In Brake dreht sich noch immer alles um die riesigen Speicher. Selbst die angesagteste Diskothek am Ort trägt den Namen „Silo".

[48] Vgl. die Scans aus dem Bestand des Stadtmuseums Erfurt.

[49] L. Fritz Gruber: Wehrhaftes Fotokopieren, in: Wehrfotografische Mitteilungen für die Bildstellen und Labors von Heer, Luftwaffe, Kriegsmarine, Sanitätswesen, PK sowie Rüstungsindustrie 2 (1944) H. 2, S. 19-23.

[50] Ernst H. Berninger: Meisenbach, Georg, in: NDB 16 (1990) S. 684f. Bernd Weise: Aktuelle Nachrichtenbilder >nach Photographien< in der deutschen illustrierten Presse der zweiten Hälfte des 19. Jahrhunderts, in: Charles Grivel u.a. (Hg.): Die Eroberung der Bilder. Photographie in Buch und Presse 1816-1914, München 2003, S. 61-101. Dorothea Peters: Ein Bild sagt mehr als 1000 Punkte. Zu Geschichte, Technik und Ästhetik der Autotypie, in: Rundbrief Fotografie (1998) Sonderheft: Fotografie gedruckt, S. 23-30. Dies.: Die Welt im Raster: Georg Meisenbach und der lange Weg zur gedruckten Fotografie, in: Alexander Gall (Hg.): Konstruieren, kommunizieren, präsentieren. Bilder von Wissenschaft und Technik, Göttingen 2007, S. 179-244. Dies.: Vom gedruckten Foto zur Luxuskleinkunst: die Bildproduktion der Graphischen Kunstanstalt Meisenbach, Riffarth & Co, in: Gutenberg-Jahrbuch (2004) S. 219-250.

[51] „Über Trocken-Anlagen mit Feuer- und Dampf-Luftheizung. J.A. Topf & Söhne, Feuerungs- und Heizungsbau-Anstalt", Erfurt 1896. „ J.A. Topf & Söhne Erfurt. Topf'sche Malzdarren, Jubiläumsausgabe 1878-1903", Erfurt 1903.
[52] „J.A. Topf & Söhne Erfurt – Deutsche Brauerei-Ausstellung 1909 München", Erfurt 1909.
[53] Siehe hierzu Sachsse, Fotografie im NS-Staat; hier: „Industriebau, Verkehr und Industrial Design als Bastionen des Modernen im NS-Staat", S. 68ff., sowie „Architektur im NS-Staat", S. 75ff.
[54] [Ausstellungskatalog] „Die zweite Schöpfung. Bilder der industriellen Welt vom 18. Jahrhundert bis in die Gegenwart." Hg. von Sabine Beneke und Hans Ottomeyer im Auftrag des DHM, Berlin 2002, hier: Expansion und Konzentration, S. 258ff.
[55] Der Bildbestand der Kammgarnspinnerei Stöhr & Co befindet sich im Staatsarchiv Leipzig.
[56] Vgl. die Fotos in: Henning Rogge: Fabrikwelt um die Jahrhundertwende am Beispiel der AEG-Maschinenfabrik in Berlin-Wedding, Köln 1983.
[57] Armin Zweite: Bernd und Hilla Bechers Vorschlag für eine Sehweise. Zehn Stichworte, in: Typologien industrieller Bauten, Düsseldorf 2003, S. 13-42; hier S. 16.
[58] Schüle, Ofenbauer, S. 103-107.
[59] Die 86 Fotos dieser Signatur werden als Band 1 bezeichnet. Unter Sign. 290 sind als Band 2 weitere Aufnahmen aus dem Jahr 1943 zu finden. Zum Teil handelt es sich um dieselben Fotos. Band 2 umfasst insgesamt 93 Fotos.
[60] Eventuell sind sie im Bd. 2 unter der Signatur 290 abgelegt.
[61] Zur nationalsozialistischen Ideologie der „Betriebsgemeinschaft", die den Wettbewerb um die NS-Musterbetriebe und Kriegsmusterbetriebe begleitete, siehe Karin Hartewig: Die „Betriebsgemeinschaft". Eine Annäherung an die verlorene Sozialgeschichte des Unternehmens, in: Lutz Niethammer (Hg.): Tengelmann im Dritten Reich. Mit Beiträgen von Karin Hartewig, Almut Leh, Daniela Rüther und Lutz Niethammer, Essen 2019 (in Vorbereitung).
[62] Bei den Amateuren kamen die Emotionen hinzu: die Erinnerung an Vertrautes und an Zustände der Unversehrtheit und die Trauer über das unwiederbringlich Zerstörte.
[63] Rolf Sachsse: Die Erziehung zum Wegsehen. Fotografie im NS-Staat, Berlin 2003, S. 202-207 sowie zitierte Dokumente aus dem BA Koblenz, S. 359-362.
[64] Dieser hatte bei Kriegsbeginn einen Höchststand von 1150 Beschäftigten erreicht. Zum Zeitpunkt der Aufnahmen lag er bei 750 bis 800 Personen.

Über 40 Prozent von ihnen waren Zwangsarbeiter aus Russland, Italien, Frankreich und Belgien.

[65] Schüle, Ofenbauer, S. 130.

[66] Das repräsentative Porträt der Direktoren, Vorstände und Firmenchefs hingegen wurde bis in die 1930er Jahre als Gemälde gefertigt. Nur ausnahmsweise beauftragte man prominente Porträtfotografen.

[67] HStA Weimar, Topf & Söhne, Sign. 252.

[68] Zur Damen- und Herrenmode der 1920er bis 1940er Jahre, vgl. Erika Thiel: Geschichte der Mode. Von den Anfängen bis zur Gegenwart, Berlin(DDR) 1990 (7. Aufl.), S. 396-412. www.costumeantiques.de [besucht am 16.12.2017]. „Bespoke Couture since 1882", in: www.andreasmoller.de [besucht am 16.12.2017].

[69] 1943 bestanden folgende Sonderabteilungen: „Sonderfertigung Beauftragter Heer Luft", Sonderaktenstelle". 1934 hingegen gab es eine Abteilung „Sonderfertigung". In der historiografischen Forschung sind „Sonderabteilungen" nur innerhalb der Waffen-SS bekannt.

[70] Albert Renger-Patzsch: vom Sinn der Photographie und der Verantwortlichkeit des Photographen (1965), in: Ders.: Die Freude am Gegenstand. Gesammelte Aufsätze zur Photographie, hg. von Bernd Stiegler, Ann und Jürgen Wilde, München 2010, S. 232-239; hier S. 237.

[71] Z.B. Joseph Lemling: Die Photographie im Dienste der Industrie, 2 Bde., Leipzig 1886. Oder achtzig Jahre später: Joachim Giebelhausen: Industriefotografie für Technik und Wirtschaft, München 1966.

[72] Walter Gropius: Die Entwicklung der modernen Baukunst, in: Jahrbuch des deutschen Werkbundes, Jena 1913, S. 21.

[73] Unter den Signaturen HStAA Weimar Nr. 310 und 277.

[74] Ähnlich scheint es sich mit der Bildüberlieferung der Mälzereianlagen zu verhalten: Dokumentiert wurden vor allem Betriebe, die bereits fertig gestellt waren und Vorrichtungen, die den Stand der Technik, den Arbeitsprozess und seine Verbesserungen veranschaulichen.

[75] Nach Auffassung von Norbert Höfel wurden die Projektierung und der Bau von Mälzereianlagen in die CSSR ausgelagert, abgesehen von der Herstellung von Ersatzteilen für bestehende Anlagen. Auch die übrigen Produktionsbereiche des früheren Unternehmens Topf & Söhne wurden nach und nach verlagert.

[76] Siehe Klaus Rieseler: Frühe Großbrauereien in Deutschland. Die Brauereiarchitektur zwischen 1870 und 1930 in den Städten Dortmund, Kulmbach und Berlin, Berlin 2003.

[77] Siehe Katrin Klein: Die Terminologie der Malzbereitung zur Bierherstellung, Wien 2009.
[78] Die katholische Kirche verbot die Feuerbestattung. Erst mit dem Zweiten Vatikanischen Konzil war sie 1964 Katholiken gestattet, wenn auch nicht erwünscht.
[79] Siehe Feuerbestattung. Geschichte und Zahlen, in: https://www.aeternitas.de/inhalt/bestatten_beisetzen/themen/bestatten [besucht am 06.03.2019] Max-Rainer Uhrig: Auf den Spuren des Phönix: Zur Kulturgeschichte der Feuerbestattung, Würzburg 2017. Anna-Livia Pfeiffer: Das Ewige im Flüchtigen: Eine Bau- und Zivilisationsgeschichte der Feuerbestattung in der Moderne, Würzburg 2015. Wiebke Neuser: Die Feuerbestattung in Preußen und in Hagen: Der Krematoriumsbau von Peter Behrens (1904-1908), Bielefeld 2016.
[80] Siehe Pfeiffer, Das Ewige im Flüchtigen, S. 77.
[81] Siehe Paul Mühling: Nachwort zu Volckmann, Der neue Einäscherungsofen Volckmann-Ludwig, in: Zentralblatt für Feuerbestattung, 3. Jg. (1931) Nr. 4, S. 58f. Zitiert nach Pfeiffer, Das Ewige im Flüchtigen, Anm. 293.
[82] Aufschlussreiche Ausführungen zu den Portagonisten des „Lichtgedankens" Paul und Hermann Deffke, Paul Mühling und besonders „Fidus" (d.i. Hugo Höppener), die in der völkisch affizierten Lebensreform- und Jugendbewegung ihre Wurzeln hatten, und zu ihren baulichen Entwürfen und ideologischen Unterfütterungen nach 1933 finden sich bei Pfeiffer, Das Ewige im Flüchtigen, Exkurs „Die Feuerbestattung unter den Nationalsozialisten", S. 66ff.
[83] Anne I. Hardy: Ärzte, Ingenieure und städtische Gesundheit. Medizinische Theorien in der Hygienebewegung des 19. Jahrhunderts, Frankfurt am Main 2005. Heide Berndt: Saubere, knappe Form: Hygienebewegung und Ästhetik der Moderne, in: Werk, Bauen + Wohnen, Jg. 78 (1991) H. 11 „Stadt und Gesundheit = Ville et Santé = Town and Health, S. 62-69.
[84] Im Folgenden siehe Schüle, Industrie und Holocaust, S. 107ff; Bartlett, Architects of Death, S. 69ff.
[85] Schüle, Industrie und Holocaust, S. 159ff. Bartlett, Architects of Death, S. 117ff.
[86] Zygmunt Bauman: Dialektik der Ordnung. Die Moderne und der Holocaust, Hamburg 1992, S. 32ff. und 113ff.
[87] Siehe Chronik der Firma J.A. Topf & Söhne und ihrer Mittäterschaft am Holocaust, in: Schüle, Industrie und Holocaust, S. 379-393; hier S. 383ff. Bartlett, Architects of Death, S. 175ff.
[88] Schüle, Industrie und Holocaust, S. 258f.
[89] HStA Weimar, Sign. 260.

[90] Stefan Hartmann: Martin Kippenberger und die Kunst der Persiflage, Berlin 2013, S. 158ff. Aleida Assmann und Ute Frevert: Geschichtsvergessenheit – Geschichtsversessenheit. Vom Umgang mit deutschen Vergangenheiten nach 1945, Stuttgart 1999.

[91] Bertold Brecht: Schriften zur Literatur und Kunst. Über Film, Gesammelte Werke, Bd. X, Frankfurt am Main 1975, S. 135-216; hier S. 161.

[92] Über vielfältige Bemühungen, die Mitwisser- und Mittäterschaft nach 1945 vergessen zu machen, siehe das Arbeitsmaterial für die Wanderausstellung. https://www.topfundsoehne.de/ts/de/ausstellungen/wanderausstellung.

[93] Zum Foto-Album der SS-Zentralbauleitung durch den Mitarbeiter der Zentralbauleitung Dietrich Kamann, siehe Pressac, Krematorien von Auschwitz, passim. Niels Gutschow: Ordnungswahn. Architekten planen im „eingedeutschten Osten" 1939-1945, Gütersloh 2001.

[93] Schüle, Industrie und Holocaust, Kap. 5. Der volkseigene Betrieb streift seine Vergangenheit ab, S. 290ff.

11. Literatur

„Ansicht, Aussicht, Einsicht. Andreas Gursky, Candida Höfer, Axel Hütte, Thomas Ruff, Thomas Struth. Architekturphotographie." Hg. von Monika Steinhauser und Ludger Derenthal, Düsseldorf 2000.
„Arbeitswelten. Industriefotografien aus den Beständen des Bayerischen Wirtschaftsarchivs." Hg. von der Bayerischen Industrie- und Handelskammer, München 2004.
„Bespoke Couture since 1882", in: www.andreasmoller.de.
„Die zweite Schöpfung. Bilder der industriellen Welt vom 18. Jahrhundert bis in die Gegenwart." Hg. von Sabine Beneke und Hans Ottomeyer im Auftrag des DHM, Berlin 2002.
„Industrie als Motiv. Industry as a Motif. Blick in die Sammlung / Look at the Collection. Die Photographische Sammlung / SK Stiftung Kultur Köln", Köln 2017.
„Industrie und Fotografie. Sammlungen in Hamburger Unternehmensarchiven." Hg. von Lisa Kosok und Stefan Rahner für das Museum der Arbeit, Hamburg 1999.
„Industrie-ZEIT. Fotografien 1845-2010." Eine Ausstellung des Münchner Stadtmuseums / Sammlung Fotografie. Mit Texten von Ulrich Pohlmann und Rudolf Scheutle, Tübingen 2011.
„J.A. Topf & Söhne Erfurt – Deutsche Brauerei-Ausstellung 1909 München", Erfurt 1909.
„J.A. Topf & Söhne Erfurt. Topf'sche Malzdarren, Jubiläumsausgabe 1878-1903", Erfurt 1903.
„Krupp. Fotografien aus zwei Jahrhunderten." Hg. von der Alfried Krupp von Bohlen und Halbach-Stiftung, Berlin/München 2011.
„Man & Machine." Ed. by Ian Denning and Mark Fletcher, London 2010.
„Pathos der Sachlichkeit: die Entdeckung der Schönheit in der Industriekultur. Meisterwerke der Fotografie…" Hg. Von Bernhard Mensch und Peter Pachnicke, Oberhausen 2001.
„Peter Keetman, Volkswagenwerk 1953." Hg. vom Kunstmuseum Wolfsburg, Bielefeld 2003.
„Profile. Typen der Arbeitswelt in der historischen Werksfotografie." Hg. von der Fried. Krupp AG, HOESCH-Krupp. (Red. Karl-Peter El-

lerbrock), o.O. 1994.
„Ruth Hallensleben. Frauenarbeit in der Industrie. Fotografien aus den Jahren 1938-1967." Hg. von Ursula Peters, Berlin 1985.
„Techniker der Endlösung". Topf & Söhne – Die Ofenbauer von Auschwitz. Hg. von Volkhard Knigge in Zusammenarbeit mit Annegret Schüle und Rikola-Gunnar Lüttgenau im Auftrag der Stiftung Gedenkstätten Buchenwald und Mittelbau-Dora, Weimar 2005.
„Topf & Söhne – die Ofenbauer von Auschwitz am 27. Januar 2011." Hg. vom Thüringischen Landtag und der Stadtverwaltung Erfurt mit Unterstützung der Sparkassen-Kulturstiftung Hessen-Thüringen, Erfurt 2011.
„Über Trocken-Anlagen mit Feuer- und Dampf-Luftheizung. J.A. Topf & Söhne, Feuerungs- und Heizungsbau-Anstalt", Erfurt 1896.
„Willi Römer. Ambulantes Gewerbe. Berlin 1904-1932." Hg. von Diethart Kerbs, Berlin 1983.

Aleida Assmann und Ute Frevert: Geschichtsvergessenheit – Geschichtsversessenheit. Vom Umgang mit deutschen Vergangenheiten nach 1945, Stuttgart 1999.
Assmann, Aleida, Frank Hidemann und Eckhard Schwarzenberger (Hg.): Firma Topf & Söhne – Hersteller der Öfen für Auschwitz. Ein Fabrikgelände als Erinnerungsort?, Frankfurt am Main 2002.

Barck, Simone und Dietrich Mühlberg: Arbeiter-Bilder und Klasseninszenierung in der DDR, in: Peter Hübner und Klaus Tenfelde (Hg.): Arbeiter in der SBZ – DDR, Essen 1999.
Barthes, Roland: Die helle Kammer. Bemerkungen zur Photographie, Frankfurt am Main 1985.
Bartlett, Karen: Architects of Death. The Family who Engineered the Holocaust, London 2018.
Baum, Bruno: Widerstand in Auschwitz, Berlin(DDR)² 1962 [zuerst 1957].
Bauman, Zygmunt: Dialektik der Ordnung. Die Moderne und der Holocaust, Hamburg 1992.
Becher, Bernd und Hilla: Fabrikhallen. Mit einem Text von Klaus Bußmann, München 1994.
Becher, Bernd und Hilla: Getreidesilos, München 2006.
Becher, Bernd und Hilla: Hochöfen. [Ausstellungsbroschüre im HO-

ESCH-Museum, Dortmund], Dortmund 1990.
Berndt, Heide: Saubere, knappe Form: Hygienebewegung und Ästhetik der Moderne, in: Werk, Bauen + Wohnen, Jg. 78 (1991) H. 11: „Stadt und Gesundheit = Ville et Santé = Town and Health, S. 62-69.
Berninger, Ernst H.: Meisenbach, Georg, in: NDB 16 (1990) S. 684f.
Brecht, Bertold Schriften zur Literatur und Kunst. Über Film, Gesammelte Werke, Bd. X, Frankfurt am Main 1975, S. 135-216.
Buddensieg, Tilmann: Industriekultur: Peter Behrens und die AEG 1907-1914, Berlin 1979.

Clemens, Petra und Hans H.: VEB Forster Tuchfabriken am Brandenburgischen Textilmuseum, in: Rundbrief Fotografie 3 (2000).

Dewerpe, Alain: Miroirs d'Usines: Photographie Industrielle et Organisation du Travail a l'Ansaldo (1900-1920), in: Annales (Sept./Oct. 1987) pp. 1115-1157.
Döring, Peter und Theo Horstmann (Hg.): Revier unter Strom. Fotografien zur Elektrizitätsgeschichte des Ruhrgebiets, Essen 2010.

Ellerbrock, Karl-Peter: Im Fokus der Kamera: Menschen und Fabrikhallen. Anmerkungen zur Industriefotografie im Ruhrgebiet, in: Wilfried Feldenkrichen u.a. (Hg.): Geschichte – Unternehmen – Archive, Essen 2008, S. 495-514.

Fellner-Feldhaus, Manuela: Von der Auftrags- zur Werksfotografie. Die bildliche Überlieferung des Bochumer Vereins für Gusstahlfabrikation, in: Westfälische Forschungen 58 (2008) S. 87-105.
Feuerbestattung. Geschichte und Zahlen, in:
https://www.aeternitas.de/inhalt/bestatten_beisetzen/themen/bestatten
[besucht am 06.03.2019].
Fowler, Peter J.: Industry and the Camera, London 1985.

Giebelhausen, Joachim: Industriefotografie für Technik und Wirtschaft, München 1966.
Grasshoff, Johannes: Die Retouche von Photographien, Berlin 1869.
Gries, Rainer: Produkte als Medien. Kulturgeschichte der Produktkommunikation in der Bundesrepublik und der DDR, Leipzig 2003.

Gronert, Stefan: Die Düsseldorfer Photoschule. Photographien 1961-2008. Hg. von Lothar Schirmer, München 2009.

Gropius, Walter: Die Entwicklung der modernen Baukunst, in: Jahrbuch des deutschen Werkbundes, Jena 1913.

Gruber, L. Fritz: Wehrhaftes Fotokopieren, in: Wehrfotografische Mitteilungen für die Bildstellen und Labors von Heer, Luftwaffe, Kriegsmarine, Sanitätswesen, PK sowie Rüstungsindustrie 2 (1944) H. 2, S. 19-23.

Gutschow, Niels: Ordnungswahn. Architekten planen im „eingedeutschten Osten" 1939-1945, Gütersloh 2001.

Hardy, Anne I.: Ärzte, Ingenieure und städtische Gesundheit. Medizinische Theorien in der Hygienebewegung des 19. Jahrhunderts, Frankfurt am Main 2005.

Hartewig, Karin: Die „Betriebsgemeinschaft". Eine Annäherung an die verlorene Sozialgeschichte des Unternehmens, in: Lutz Niethammer (Hg.): Tengelmann im Dritten Reich. Mit Beiträgen von Karin Hartewig, Almut Leh, Daniela Rüther und Lutz Niethammer, Essen 2019 (in Vorbereitung).

Hartewig, Karin: Zurückgekehrt. Jüdische Kommunisten in der DDR, Köln/Weimar 2000.

Hartmann, Stefan: Martin Kippenberger und die Kunst der Persiflage, Berlin 2013.

Henning, Friedrich-Wilhelm: Die Aufgaben der Werksarchive und der Betriebsgeschichte der DDR, in: Archiv und Wirtschaft 16 (1983) S. 12-20.

Heß, Ulrich: Bildquelleninventar zur sächsischen Industriegeschichte bis 1918, Leipzig 2007.

Hiepe, Richard: Riese Proletariat und große Maschine. Arbeiterfotografie von den Anfängen bis 1980, Erlangen 1983.

Hoerner, Ludwig (Hg.): Das photographische Gewerbe in Deutschland. 1839-1914. Hg. vom Centralverband Deutscher Photographen, Düsseldorf 1989.

Höfer, Candida: Getreidesilos, München 2006.

Höfer, Candida: Hamburg. Mit einem Essay von Michael Diers, Köln 2002.

Höfer, Candida: Hochöfen, München 1990.

Holland, Clive: How to Take and Fake Photographs, London 1910.

Horstmann, Theo (Hg.): Elektrifizierung in Westfalen. Fotodokumente aus dem Archiv der VEW, Essen 2000.
Hurley, Jack F.: Industry and the Photographic Image. 153 Great Prints from 1850 to the Present, New York 1980.

Kaufhold, Enno: Arbeitsbilder deutscher Kunstfotografen 1890-1914. Arbeit aus der Sicht der Bildungsbürger, in: Fotogeschichte 4 (1982) S. 39-50.
Klary, C.: L'Art de Retouche en Noir et les Epreuves Positives sur Papier. Nouveau Tirage, Paris 1898.
Klein, Katrin: Die Terminologie der Malzbereitung zur Bierherstellung, Wien 2009.
Kratz, Philipp: Ernst Wolfgang Topf, die Firma J.A. Topf und Söhne und die Verdrängung von Schuld in der Nachkriegszeit, in: ZfG 56 (2008) H.3, S. 249-266.
Krichbaum, Jörg (Hg.): Deutsche Standards. Produkte und Objekte in Deutschland, die als prominenter Teil für das Ganze stehen, Stuttgart/Wien 1988.
Kritische Berichte. Zeitschrift für Kunst- und Kulturwissenschaften 46. Jg. (2018) H. 4: Themenheft „Industriefotografie". Mit Beiträgen von Steffen Siegel, Mira Anneli Naß, Peter H. Christensen, Eva Ehninger, Dennis Jelonnek, Änne Söll, Kathrin Rottmann, Gisela Parak, Annika Wienert und Norbert Schneider.
Kühnel, Peter: Fotografische Berufsdarstellungen im 19. Jahrhundert, in: Fotogeschichte 4 (1982) S. 3-14.

Lemling, Joseph: Die Photographie im Dienste der Industrie, 2 Bde., Leipzig 1886.
Lieselotte Kugler (Hg.): Die AEG im Bild, Berlin 2000.
Lüdtke, Alf.: Gesichter der Belegschaft. Porträts der Arbeit, in: Tenfelde, Klaus (Hg.): Bilder von Krupp. Fotografie und Geschichte im Industriezeitalter, München ²2000 [zuerst 1994], S. 67-88.
Lüdtke, Alf: Der Bann der Wörter: „Todesfabriken", in. WerkstattGeschichte 5. Jg. (1996) H. 13, S. 5-18.
Lüdtke, Alf: Industriebilder – Bilder der Industriearbeit? Industrie- und Arbeiterfotografie von der Jahrhundertwende bis in die 1930er Jahre, in: Historische Anthropologie 1 (1993) S. 394-430.

Manger, Hans-J.: Die Brau- und Malzindustrie in Deutschland-Ost zwischen 1945 und 1989. Ein Betrag zur Geschichte der deutschen Brau- und Malzindustrie im 20. Jahrhundert, Berlin 2016.
Matz, Reinhard: Industriefotografie. Aus Firmenarchiven des Ruhrgebiets, Essen 1987.
Matz, Reinhard: Werksfotografie – Ein Versuch über den kollektiven Blick, in: Tenfelde, Krupp, S. 289-304.
Mühling, Paul: Nachwort zu Volckmann, Der neue Einäscherungsofen Volckmann-Ludwig, in: Zentralblatt für Feuerbestattung, 3. Jg. (1931) Nr. 4, S. 58f.
Müller, Hugo: Die Misserfolge in der Photographie und die Mittel zu ihrer Beseitigung, Halle 1913.

Neuser, Wiebke: Die Feuerbestattung in Preußen und in Hagen: Der Krematoriumsbau von Peter Behrens (1904-1908), Bielefeld 2016.
Nye, David: Image Worlds – Corporate Identities at General Electric. 1890-1930, Cambridge, Mass./London 1985.

Ortoleva, Peppino: Storia Fotografica del Lavoro, 1900-1980, Bari 1981.

Peters, Dorothea: Die Welt im Raster: Georg Meisenbach und der lange Weg zur gedruckten Fotografie, in: Alexander Gall (Hg.): Konstruieren, kommunizieren, präsentieren. Bilder von Wissenschaft und Technik, Göttingen 2007, S. 179-244.
Peters, Dorothea: Ein Bild sagt mehr als 1000 Punkte. Zu Geschichte, Technik und Ästhetik der Autotypie, in: Rundbrief Fotografie (1998) Sonderheft: Fotografie gedruckt, S. 23-30.
Peters, Dorothea: Vom gedruckten Foto zur Luxuskleinkunst: die Bildproduktion der Graphischen Kunstanstalt Meisenbach, Riffarth & Co, in: Gutenberg-Jahrbuch (2004) S. 219-250.

Pfeiffer, Anna-Livia: Das Ewige im Flüchtigen: Eine Bau- und Zivilisationsgeschichte der Feuerbestattung in der Moderne, Würzburg 2015.
Pomian, Krzysztof: Der Ursprung des Museums. Vom Sammeln, Berlin 1988.

Powell, Rob: Brunel's Kingdom. Photography and the Making of History, Bristol 1985.

Pressac, Jean-Claude: Die Krematorien von Auschwitz. Die Technik des Massenmordes, München/Zürich 1994 [zuerst engl. 1989].

Pugh, Francis und Peter Stebbing: Industrial Image – British Industrial Photography 1843-1986, London 1986.

Renger-Patzsch, Albert: vom Sinn der Photographie und der Verantwortlichkeit des Photographen (1965), in: Ders.: Die Freude am Gegenstand. Gesammelte Aufsätze zur Photographie, hg. von Bernd Stiegler, Ann und Jürgen Wilde, München 2010, S. 232-239.

Rieseler, Klaus: Frühe Großbrauereien in Deutschland. Die Brauereiarchitektur zwischen 1870 und 1930 in den Städten Dortmund, Kulmbach und Berlin, Berlin 2003.

Rogge, Henning: Fabrikwelt um die Jahrhundertwende am Beispiel der AEG-Maschinenfabrik in Berlin-Wedding, Köln 1983.

Rouille, André: Les Images Photographiques du Monde du Travail sous le Second Empire, in: Actres de la Recherche en Sciences Sociales 54 (Sept. 1984) pp. 33-43.

Ruppert, Wolfgang: Die Fabrik. Geschichte von Arbeit und Industrialisierung in Deutschland, München 1983.

Sächsische Landesbibliothek (Hg.): Führer durch die Abteilung Deutsche Fotothek. Bearbeitet von Walter May, Dresden 1985.

Sächsische Landesbibliothek (Hg.): Verzeichnis fotografischer Sammlungen in der Deutschen Demokratischen Republik. Bearbeitet von Klaus-Dieter Bernstein und Christa Bach, Dresden 1989.

Sachsse, Rolf (Hg.): Peter Keetman. Eine Woche im Volkswagenwerk. Fotografien aus dem April 1953, Berlin 1985.

Sachsse, Rolf: Die Arbeit des Fotografen. Marginalien zum beruflichen Selbstverständnis deutscher Fotografen 1920-1950, in: Fotogeschichte 4 (1982) S. 55-64.

Sachsse, Rolf: Die Erziehung zum Wegsehen. Fotografie im NS-Staat, Berlin 2003.

Sachsse, Rolf: Mensch – Maschine – Material – Bild. Eine kleine Typologie der Industriefotografie, in: Industrie und Fotografie, S. 85-93.

Schneider, Sigrid (Hg.): Schwarzweiß und Farbe. Das Ruhrgebiet in der Fotografie, Essen 2000.

Schönewald, Emil: Die Technik der Retusche in der Photographie, Bunzlau in Schlesien 1912.

Schüle, Annegret: Industrie und Holocaust. Topf & Söhne – die Ofenbauer von Auschwitz, Göttingen 2010.

Socha, Berthold: Bestandsaufnahme. Stillgelegte Anlagen aus Industrie und Verkehr in Westfalen, Hagen 1985.

Tenfelde, Klaus (Hg.): Bilder von Krupp. Fotografie und Geschichte im Industriezeitalter, München ²2000 [zuerst 1994].

Thiel, Erika: Geschichte der Mode. Von den Anfängen bis zur Gegenwart, Berlin(DDR) 1990 (7. Aufl.).

Türk, Klaus: Bilder der Arbeit. Eine ikonografische Anthropologie, Wiesbaden 2000.

Uhrig, Max-Rainer: Auf den Spuren des Phönix: Zur Kulturgeschichte der Feuerbestattung, Würzburg 2017.

Verzeichnis der Archivare an Archiven der Bundesrepublik Deutschland mit Land Berlin, in der Deutschen Demokratischen Republik, der Republik Österreich und der Schweizer Eidgenossenschaft. Hg. vom Verein der Archivare, Wiesbaden 1975.

Weise, Bernd: Aktuelle Nachrichtenbilder >nach Photographien< in der deutschen illustrierten Presse der zweiten Hälfte des 19. Jahrhunderts, in: Charles Grivel u.a. (Hg.): Die Eroberung der Bilder. Photographie in Buch und Presse 1816-1914, München 2003, S. 61-101.

www.costumeantiques.de.

Zimmermann, Clemens und Christian Haller (Hg.): Saarländische Industriefotografie. Ein Bildarchivführer auf CD-ROM. Erarbeitet von der Abteilung Kultur- und Mediengeschichte der Universität des Saarlandes, Saarbrücken 2004.

Zweite, Armin: Bernd und Hilla Bechers Vorschlag für eine Sehweise. Zehn Stichworte, in: Typologien industrieller Bauten, Düsseldorf 2003, S. 13-42.

Bei BoD sind von Karin Hartewig erschienen:

„Schön ist es hier! Roman", 2013.

Das ist Deutschland! Eine Landeskunde für alle, 2016.

Kunst für alle! Hitlers ästhetische Diktatur, ³2018.

Total angesagt. Essays zur Kulturgeschichte, 2018.

„So gut kennen wir uns auch nicht. Dreizehn Erzählungen", 2018.

„Fortuna lächelt spröde. Neue Gebrauchslyrik", 2018.

Freiheit und Zensur. Anmerkungen zu Filmen der DEFA [Reihe kinozeit: kinozeit eins], 2018.

Überholt und eingeholt. Essays zur Zeitgeschichte und Rezensionen fürs Radio, 2018.

Sperrsitz oder Parkett? Notizen zur Filmkunst in Zeiten des mobilen Kinos [Reihe kinozeit: kinozeit zwei], 2019.